La Mort de Socrate
소크라테스의 죽음

<지식을만드는지식 고전선집>은
인류의 유산으로 남을 만한 작품만을 선정합니다.
읽을 수 없는 고전이 없도록 세상의 모든 고전을 출판합니다.
오랜 시간 그 작품을 연구한 전문가가
정확한 번역, 전문적인 해설, 풍부한 작가 소개, 친절한 주석을
제공합니다.

La Mort de Socrate
소크라테스의 죽음

알퐁스 드 라마르틴(Alphonse de Lamartine) 지음

곽민석 옮김

대한민국, 서울, 지식을만드는지식, 2024

일러두기

- 이 책은 19세기 프랑스 낭만주의 시인 라마르틴이 《플라톤-대화편》에 나오는 〈파이돈〉을 바탕으로 1823년 출판한 시 〈La Mort de Socrate, Poëme par A. De Lamartine〉(Chez Ladvocat, Libraire)를 번역한 것입니다.
- 옮긴이는 이 작품의 번역을 위해 '프랑스 국립 도서관(Bibliothèque nationale de France)' 온라인 사이트(https://gallica.bnf.fr)와 디지털 라이브러리 사이트 'Internet Archive(https://archive.org)' 자료를 함께 참조했습니다.
- 위 초판본의 시 작품 앞에 있는 '머리말(Avertissement)'은 라마르틴의 글이 아니라 초판본 편집자의 글로서 본 번역에서는 시 뒤에 배치했습니다.
- 위 초판본에는 시 작품 뒤에 '노트(Note)' 형식으로 12개의 주가 있습니다. 이 부분은 라마르틴이 시를 구상할 때 19세기 프랑스 철학자이자 역사가인 빅토르 쿠쟁(Victor Cousin, 1792~1867)의 프랑스어 번역 《플라톤-대화편》 중 〈파이돈〉에서 참조했던 부분을 초판본 편집자가 주석 형태로 수록한 것으로 본 번역에서는 생략했습니다.
- 시 중간에 나오는 삽화는 《La Mort de Socrate》(Éditions Maurice Glomeau, 1925) 판본에 실려 있는 것입니다. 화가이자 일러스트레이터 조르주 리파르(Georges Ripart)의 작품입니다.
- 각주는 모두 옮긴이가 붙인 것입니다.
- 원문에는 없으나 번역문에 필요하다고 판단하여 추가한 표현은 [ ]에 넣었습니다.
- 옮긴이는 시의 본 의미 변화를 최소화하는 한도 내에서 가능한 프랑스어 원문 시어나 시행을 따랐습니다. 따라서 번역문에

- 다소 생경한 우리 말 시어 조합이나 도치법, 감탄문 등이 간혹 있습니다.
- 본문에서 신과 영웅 그리고 지명 등이 그리스 신화 또는 로마 신화 이름으로 다르게 번역된 이유는 라마르틴이 사용한 로마식 신화 용어를 따랐기 때문입니다. 다만, 번역자의 주석에서는 그리스 신화 이름으로 통일했습니다.
- 옮긴이는 프랑스 낭만주의와 라마르틴의 문학 세계를 이해하는 데 도움을 줄 수 있는 곁텍스트가 필요하다고 생각해, 시인의 문학 세계에 관해 쓴 〈라마르틴의 시 세계 – 자연과 사색 그리고 자아와 이상〉을 본문 뒤에 수록했습니다.
- 외래어 표기는 현행 한글어문규정의 외래어표기법을 따랐습니다.

이 저서는 2022년 대한민국 교육부와 한국연구재단의 지원을 받아 수행된 연구임.(NRF-2022S1A5C2A04093121)

차 례

소크라테스의 죽음 · · · · · · · · · · · · · · · · · 5

초판본 머리말 · · · · · · · · · · · · · · · · · · 79
라마르틴의 시 세계 — 자연과 사색 그리고 자아와 이상
· 87

해설 · 119
지은이에 대해 · · · · · · · · · · · · · · · · · 124
지은이 연보 · · · · · · · · · · · · · · · · · · 134
옮긴이에 대해 · · · · · · · · · · · · · · · · · 139

알퐁스 드 라마르틴(Alphonse de Lamartine, 1790~1869).
프랑수아 제라르 작(1830).

진리는 바로 신(神)인 것을

히메투스산맥* 정상에 떠오르는 태양
테세우스* 신전 꼭대기를 비추고 있었고,
파르테논 신전 벽들을 불꽃으로 덮치며,
은밀한 작별처럼 감옥 안에 스미고 있었네.
바다엔 황금빛 선미(船尾)가 보였네,
거룩한 찬송의 소리와 함께 피레우스*로 항해하는 것을,
그리고 바로 이 배의 운명적 귀환은
판결받은 자들에게 그들의 마지막 날을 가리키는 것이었네.
하지만 법은 그들의 목숨 앗아 가는 것을 금했네
온화한 태양이 이오니아*를 비추는 한에는,
그 빛들이 살아 있는 운명들*에,

---

* 히메투스산맥 : 그리스 동중부 아티카 지방의 아테네 지역에 있는 산맥.
* 테세우스 : 그리스 신화에서 크레타섬 미로에서 미노타우로스를 처치한 아테네 영웅.
* 피레우스 : 아테네 서쪽에 있는 그리스 최대 항구 도시.
* 이오니아 : 에게해와 마주한 현재 튀르키예 서남부 해안 일대를 이르는 고대 지명. 역사적으로 그리스식 명칭은 스미르나.
* 살아 있는 운명들 : '산 자들'을 가리킴.

시선 없는 눈들*로 인해 모독당하지 않을까 두려워,
또는 그 불행한 자가 자기 눈을 감으면서,
삶과 빛에 두 번 눈물 흘릴까 봐 두려워!
그렇게 그 사람은, 자기 조상들의 들판에서 추방되어,
새벽이 하늘을 밝히기도 전에 떠나가는 것을!

  소프로니코스*의 아들이 깨어나기를 기다리며,
  애도하는 몇몇 친구들이 주랑(柱廊) 현관에서 서성이고 있었네.
  그리고 그의 아내는, 손으로 자물쇠를 가지고 노는 여린 아이인
  아들을 무릎에 앉힌 채,
  무신경한 간수들의 굼뜬 행동을 비난하며
  꿈쩍도 하지 않는 문 놋쇠를 이마로 두드려 댔네.
  그녀의 고통의 외침에 무심한 군중은
  지나가며 그녀가 눈물 흘리는 이유를 물었고,

---

* 시선 없는 눈들 : '사형수들'을 가리킴.
* 소프로니코스 : 소크라테스의 아버지로 직업은 석공.

이윽고 멈췄던 자기 길을 바로 다시 가면서,
기다란 광장에 무리로 흩어진 채,
사람들 사이에 퍼진 그 쓸데없는 소문들을 얻어들으며,
말하고 있었네, 파괴된 제단들과 모욕당한 신들*에 대해서,
젊은이들을 타락시키는 새로운 숭배에 대해서도,
그리고 그리스에선 낯선, 이 이름 없는 신*에 대해서!
그는 미치광이, 혐오스러운 괴물이었고,
신들에게 눈이 먼 새로운 오레스테스* 같았지,
결국에 뒤늦은 정의가 닿았고*,
그래서 지상이 그 희생으로 하늘에게 빚을 지게 되었던.
소크라테스여! 바로 당신이, 철창에 던져진 채,
정의와 진리를 위해 죽어 간 것을!!!

* 모욕당한 신들 : '그리스 제신(祭神)들'을 가리킴.
* 낯선, 이 이름 없는 신 : '진리'의 의미.
* 오레스테스 : 그리스 신화에서 아가멤논과 클리타임네스트라의 아들이자 이피게네이아와 엘렉트라의 동생. 아버지 죽음에 대한 복수로 어머니 클리타임네스트라를 살해.
* 뒤늦은 정의가 닿았고 : '뒤늦게 정의가 실현되어'.

마침내, 감옥의 시끄러운 경첩이 굴러떨어졌고,*

느린 걸음으로 시선을 내리깐 채 친구들이 흘러들어왔지.

그러나 소크라테스는, 파도에 시선을 던진 채

그들에게 델로스로 향하는 돛단배를 손가락으로 가리키면서

"바다 위 저 꽃이 만발한 선미(船尾)를 바라들 보게.

바로 신성한 배이자 행운의 사절단 테오리아*지!

그것을 찬양하자고, 그는 말하네. 저 배는 바로 죽음인 것을!

내 영혼은 저 배가 도착 즉시 안식처*로 들어가리!

---

* 감옥의 시끄러운 경첩이 굴러떨어졌고 : '감옥 문이 열렸다'는 의미.

* 행운의 사절단 테오리아지 : '테오리아(Theoria)'는 고대 그리스에서 신에게 공물을 바치고 신탁을 얻기 위해 성소(聖所)에 파견하는 사절단 또는 그들이 탄 배를 지칭. 아테네에선 그 기간에 사형 집행을 미뤘기 때문에 소크라테스의 사형 집행도 뒤로 미뤄짐.

* 안식처 : 'port'는 프랑스어로 '항구'와 함께, '안식처', '휴식처', '피난지' 라는 의미로, 델로스에 갔던 사절단의 배가 다시 돌아오면 사형이 집행되고 소크라테스는 사후의 안식처로 들어간다는 의미.

하지만 말들 하게나! 이 최후의 날도
우리들의 다정한 대화 속에서 여전히 똑같이 흐르고 있으니!
남은 잔칫상들을 조금이라도 헛되이 버리지 말자고!
신들의 선물들*을 끝까지 사용해 보자고.
여행의 끝이 가까워지는 저 상서로운 배는
해안의 광경에도 그 항해를 멈추지 않지.
하지만 꽃들로 장식되고, 돛은 바람을 받으며
자기를 부르는 항구로 노랫소리와 함께 들어오지!

시인들은 말했지, 자신의 마지막 순간을 앞두고
조화로운 소리로 부드러운 백조는 울음 운다고.
친구들이여, 그 어떤 것도 믿지 말기를! 선율 좋은 새는
더 숭고한 본능을 신들에 의해 부여받았기에!
해안을 떠나려는 웃음 짓는 에우로타스*의,

---

* 신들의 선물들 : '신들이 부여한 재능, 능력'의 의미.
* 에우로타스 : 그리스 신화 인물로, 지금의 펠로폰네소스반도 스파르타 지역에서 평원에 고인 물에 수로(水路)를 터서 바다로 이어지게 함

II

그 아름다운 육체에서 반쯤 도망친 영혼은
마법의 세계로 한 걸음씩 나아가며
불멸의 순수한 날이 동트는 것을 보게 되지.
그리고 그 눈길이 그것*을 적시는 달콤한 황홀경 속에,
대지에서 죽어 가며 그것은 자신의 기쁨을 발산하네.
내 말을 들으러 무덤 가까이 온 여러분들이여,
나도 또한 백조인 것을. 나는 죽어 가는데, 나는 노래할 수 있는 것을!

천장 아래에서, 이 말에 흐느낌이 터져 나왔고,
더 작은 원으로 그의 친구들이 그를 둘러쌌네.
너무 일찍 떠나간 친구여, 너는 죽어 가기에
우리에게 희망과 불멸에 대해 말해 다오.
내 기꺼이 하지, 그는 말하네. 하지만 여자들은 멀리하자고.

으로써 강을 만들었다고 한다. 이 강은 그의 이름을 따서 에우로타스강(현재는 에브로타스강)이라고 부른다.
* 그것 : '불멸'을 의미.

숨 막히는 그녀들 한숨은 우리 영혼을 나약하게 할 거니까.
아니면, 무덤의 공포를 무시하고서
대담한 걸음으로 새로운 세계로 들어가야만 하든지!

친구들이여, 너희도 알다시피, 종종, 내 어린 시절부터,
어떤 무명의 천재가 내게 지혜를 불어넣었고
미래 세계의 법칙들을 내게 드러냈지.
그것은 목소리에 숨겨진 어떤 신이었을까?
은밀한 우정으로 나를 감싸 안는 그림자?
미래의 메아리? 시인의 뮤즈?
모르겠어, 하지만 내게 아주 낮게 말하던 정신이,
내가 빠른 걸음으로 나의 마지막에 다가갈 때부터
더 고양된 소리로 내게 말하고 나를 위로하고 있어.
나는 그의 신성한 말을 더 빨리 알아차리지,
감각의 소란에서 해방된 마음이
더 고요하게 그의 말들을 듣도록.
또는 새처럼, 보이지 않는 천재가
저녁 무렵 그의 감동적인 하모니를 배가하며.
또는 곧 끝나 가는 날을 잊기보다는
내 영혼이, 미래의 기슭에 매달린 채,

다른 세계에서 나오는 소리를 더 잘 구별하도록,
마치 뱃사공이 저녁에 파도 위를 헤매며
그가 노 저으며 해안에 다가갈수록
항구에서 떠오르는 목소리를 더 잘 구별하는 것처럼.
그 보이지 않는 친구는 절대 나를 버리지 않지,
항상 그의 말소리로 내 귀는 울려 퍼지고
그리고 그의 목소리는 내 목소리 속에서 오늘 홀로 말하고 있지,
친구들이여, 그러니 들어 보라! 더 이상 내가 아니라, 그인 것을…!

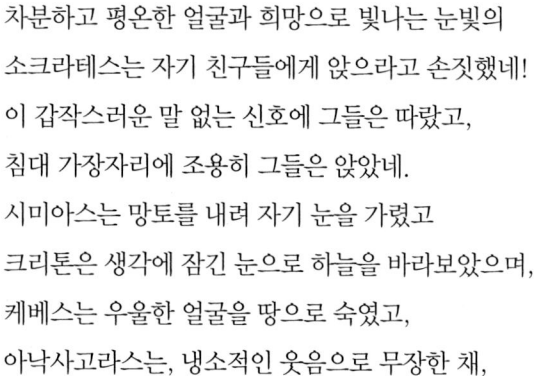

차분하고 평온한 얼굴과 희망으로 빛나는 눈빛의
소크라테스는 자기 친구들에게 앉으라고 손짓했네!
이 갑작스러운 말 없는 신호에 그들은 따랐고,
침대 가장자리에 조용히 그들은 앉았네.
시미아스는 망토를 내려 자기 눈을 가렸고
크리톤은 생각에 잠긴 눈으로 하늘을 바라보았으며,
케베스는 우울한 얼굴을 땅으로 숙였고,
아낙사고라스는, 냉소적인 웃음으로 무장한 채,

철학자의 행복한 운명을 부러워하면서
행운을 비웃고 죽음을 무시하는 듯 보였네.
등을 청동 문에 기대고
팔짱을 낀 채, 11인단의 종복들은,
의심과 동정을 번갈아 겨루어 가면서
소리 없이 중얼거리고 있었네. 그의 덕행이 그에게 무슨 소용일까?

그러나 파이돈은, 현자(賢者)보다는 친구를 더 애석해하며*
흩어진 머릿결 아래 그의 멋있는 얼굴을 가리고,
앉아 있는 스승의 발치 아래 죽음의 침대에 더 가까이
무릎을 굽힌 채 아들처럼 몸을 기울였고
그가 정말 좋아하는 친구에게 가려진 눈을 들어 올렸고,
눈물 흘리며 얼굴 붉어지고, 계속해 그를 슬퍼하고 있었네!

---

* 파이돈은, 현자(賢者)보다는 친구를 더 애석해하며 : 파이돈이 소크라테스를 현자보다는 친구로 생각한다는 의미.

그렇지만, 세속적 고통도 감히 현자의
표정과 색채를 조금도 변하게 하지 못했던 것을.
우리에게 멀리 있는 고결한 그의 시선은 책을 읽는 듯
했고
그의 입술은, 그곳에 그의 우아한 미소가 머무르며,
온통 말할 준비가 되어, 반쯤 벌어져 있었지.
그의 귀는 보이지 않는 자기 친구 말을 듣고 있었네.
그의 머릿결은, 가을 숨결이 스쳐 지나간 채,
그의 머리 위에 창백한 왕관을 그리고 있었고
그리고 아침 바람에 가끔 흔들리면서
그의 이마 위로 은빛 반짝임을 흩뿌렸지.
그러나 그의 영혼이 깃든 이 얼굴을 통해
우리는 숭고한 그의 생각이 빛나는 것을 보고 있었지,
마치, 투명한 하얀 대리석이나 청동을 통해
램프가, 제단 위에 사그라져 가는 제 불빛들을 발하면서,
그 감춰진 광채로 여전히 자신을 드러냈고,
이제 빛나는 반사로 그것들을 사로잡고 물들이는 것처
럼!
눈이 바다로 떠나는 돛을 따라가듯,
그들의 시선을 붙잡는 그 엄숙한 얼굴에,
늘어진 그의 눈길에, 겨우 숨 쉬며,

주의 기울인 그의 친구들은 숨을 죽이고 있었네.
그들의 눈은 마지막으로 그를 응시하고 있었네!
그들은 영원히 그 목소리를 가져가려 한 것을!
파도가 아이올로스*의 무작정 숨결에 시작되듯,
그들의 초조한 마음은 그의 말을 기다리고 있었지.
마침내, 하늘 보던 그의 시선 그들에게 내려앉았고
그리고 그는 예전처럼 미소 짓고 시작했네.

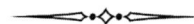

아! 너희들은 울고 있구나, 친구들이여! 너희들은 울고 있어, 내 영혼이

여사제가 피우는 순수한 향과 닮아,

자기 육체의 비천한 짐에서 영원히 해방돼,

신들에게로 날아가고, 성스러운 열정 속에서

어쩌면 그것이 엿보았을 순수한 이날을 찬양하며

진리를 추구하고, 그것을 보고 그것을 알게 될 때에도!

만약 죽기 위한 게 아니라면 도대체 우리는 무엇 때문

---

* 아이올로스 : 그리스 신화에서 바람의 신.

에 사는 걸까?

무엇 때문에 정의를 위해 나는 고통받는 것을 좋아했던가?

무엇 때문에 생명이라 부르는 이 죽음 속에서
비록 노예가 되어도 그 사악한 성향에 맞서 싸우면서
내 영혼은 내 감각과 맞섰던가?
친구들이여, 죽음이 없다면 미덕은 무엇이겠는가?
그것은 경주 끝에 성스러운 심판이 우리에게 주는
싸움의 대가요, 천상의 왕관인 것을.
우리를 자기에게 부르는 주피터의 목소리인 것을!
친구들이여, 그 목소리를 찬양하자고! 오늘 난 그것을 듣고 있지.

나는, 내 남은 몇 날을 겨루면서,*
천상의 명령을 두 번 반복하게 할 수 있었지.
이제 신들은 내가 그 과정을 연장하지 못하도록 보호해 주고 있네!
세심한 노예로서, 그들은 나를 부르고, 나는 그곳으로 달려가지!

---

* 내 남은 몇 날을 겨루면서 : '나는 남은 생애를 담보로 사형 집행(천상의 명령)을 연기할 수 있었다'는 의미.

그래서 너희들이 만약에 나를 사랑한다면, 가장 아름다운 축제에서처럼
친구들이여, 너희들 머리 위로 향수를 흐르게 하라.
감옥 벽에 제물을 걸어 보아라!
그리고 이마는 푸르른 화관으로 장식된 채,
서두르는 무리들이 젊은 신랑을,
규방 문턱을 순결한 꽃들로 흩뿌리면서,
목욕 후 혼례 침대로 인도하는 것처럼
죽음의 품으로 손 내밀어 나를 이끌어 주기를!

그렇다면 죽는다는 것은 무엇일까? 이 비열한 매듭을 부수는 것이지,
땅과 영혼의 이 불륜의 결합을,
마침내 무덤에서 사악한 무게로부터 벗어나는 것이고!
죽는다는 것은 죽어 사라지는 것이 아니네, 친구들이여, 그것은 변화하는 것이지!
인간은 살아가는 동안, 그를 묶고 있는 육체 아래 짓눌린 채,
진실을 향해 아주 무기력하게 끌려가고 있지,

그리고 그 여정 중 자신의 사악한 욕구로 멈춘 채,
흔들리는 발걸음으로 진리를 쫓아가든지 아니면 잃게 되지.
그러나 자신이 간청하는 종말을 접하면서
영원한 날의 여명을 보는 자는,
하늘에 다시 떠오르는 저녁 햇살처럼,
신들의 품에서 추방되었다가, 그들의 품으로 다시 올라가는 것을.
그리고 그를 취하게 하는 넥타르*를 천천히 마시면서,
자신의 죽음의 날부터 그는 살기 시작하는 것을!

그러나 죽는 것은 고통을 겪는 거고, 고통을 겪는 것은 악이지.
친구들이여, 우리가 그것에 대해 무엇을 알고 있을까? 그리고
위대한 희생처럼 피로 봉헌된 운명의 순간*이

---

* 넥타르 : 그리스 신화에 나오는 신들의 음료.

제물로 바쳐진 이 육체에 짧은 형벌이라면
모든 선이 이루어지는 것은 악에 의한 것은 아닐는지?
여름은 겨울에서 나오고, 낮은 밤에서 나오지.
신이 친히 이 영원한 사슬을 묶은 거라네.
우리는 힘들게 겪은 삶을 살아왔지.
그리고 이 행복한 죽음은, 약한 자들이 두려워하는데,
불멸의 탄생일 뿐인 것을!

그러나 누가 죽음의 심연을 헤아릴 수 있을까?
신들은 그 숭고한 입술에 그들 손가락을 얹었지.
누가 알겠는가, 그것을 붙잡을 준비가 된, 그의 손에서
불확실한 영혼이 고통으로 아니면 즐거움으로 쓰러질지?
나로서는, 아직 살아 있기에, 모르겠지만, 나는 생각하지
이 침묵의 깊숙한 곳에 어떤 신비가 있다는 것을.
관대한 신들의 가혹한 호의가
죽음에서까지 쾌락을 숨겨 놨다는 것을,
그 신성한 무기들로 우리 마음을 상처 입히면서

---

* 운명의 순간 : '죽음의 순간'을 가리킴.

사랑이 종종 눈물 속에 즐거움을 감추고 있는 것처럼!

믿지 못하는 케베스는 이 연설에 미소를 짓고 있네.
곧 알게 되겠지 하고 말하더니 소크라테스는 다시 계속했다.

그래, 황금빛 광선이 자기 눈꺼풀에 입맞춤하러 올 때
빛에 대해 사람이 하는 첫 경의보다는,
리라에 뒤섞인 사랑하는 것에 대한 말투*보다는,
잔에서 발산되는 덧없는 향기보다는,
연인이 자신의 방황하는 입술로
밤마다 애인의 입술을 찾을 때 입맞춤의 감미로움보다는
죽음으로 해방된 고결한 사람의
첫 열광이 우리 감각에는 더 달콤한 것을!
그리고 이곳에서 그의 재가 모이는 동안

---

* 리라에 뒤섞인 사랑하는 것에 대한 말투 : 리라 연주에 맞춰 사랑을 고백한다는 의미.

자기 삶의 흐름에 휩쓸린 채, 흘러가면서 그는 잊고 있지
세상에 영원한 이별을 말하는 것조차!
이 꺼져 버린 세상은 신 앞에서 사라지고 있는 것을!

*

− 아니 뭐라고! 그렇다면 다시 살기 위해서 죽는 것만
으로 충분하다는 건가?
 − 아니, 우리 영혼이 감각에서 해방되어야만 하고,
그 죽음의 성향에서 노력으로 승리해야만 하지.
우리들 삶이 마침내 기나긴 죽음이 되기를!
삶은 투쟁이고, 죽음은 승리지,
그리고 대지는 우리에게 속죄의 제단으로
그곳에서 인간은, 한계에 대한 자기 감각에서 벗어나,
자신의 더러운 옷을 불길에 던져야만 하지,
자기 삶의 자비로운 제단 위에서
순결한 신에게 역시 순결한 희생을 바치러 가기 전에!

그들은 단숨에 무덤에서 하늘로 갈 거야,

죽음이 더 이상 없는 그곳에서 영웅들과 신들과 함께하기 위해,

그들은, 자기들 짧은 생애 동안 감각을 정복한 이들로,

정신에 물질을 예속시켰고

의식과 율법의 멍에를 짊어진 채 걸어갔으며,

내면의 심판자 목소리에 물어보았고,

군중에서 벗어난 올바른 길을 따라갔지,

미덕이 흘러나오는 신들에게 기도하고 그 신들을 섬겼으며,

정의를 위해 고통받고 진리를 사랑했으며,

하늘의 자녀들의 자유를 쟁취했지!

그러나 영혼만큼이나 육체를 소중히 하면서,

정신과 감각의 그물망을 더욱 긴밀하게 조인 자들은

육체의 비열한 입맞춤에 영혼을 매춘해 버렸고,

수치스러운 열정에 빠진 레다*처럼

---

* 레다 : 그리스 신화에서 스파르타 왕 틴다레오스의 아내로, 백조로 변신한 제우스에게 유혹되어 임신한 뒤 그녀가 낳은 알에서 클리타임네스트라, 헬레네 자매와 디오스쿠로이 형제(폴리데우케스, 카스트로)가 태어남.

그들은, 만일 신이 자기들을 해방시키지 않으면,
자신들 죽음 후에조차도 사는 것을 멈추지 못하고,
그리고 그들 자신이 묶은 죄의 매듭에서
이 불완전한 넋들은 벗어나지 못하네!
부정한 자기 실타래에 매달려 있는 아라크네*처럼
그들의 영혼은 자신들 육체와 합쳐지고 뒤섞인 채
마침내 시들어 가는 그 관계를 부수려 애쓰고 있지.
그것*이 그들에게 가지고 있던 사랑은 여전히 그 감각 속에 살아 있지.
야윈 자기들 팔로, 그들은 여전히 그것을 짓누르고,
그것이 혐오하는 이 결합을 수백 번 그것에게 상기시키네!
그리고 늪지 위에 잠들어 있는 무거운 공기처럼,
그들의 비천한 무게는, 신들한테서 멀리 떨어져, 그것을 영원히 붙잡고 있네!
이 신음하는 넋들은, 어둠 속에서 방황하며,
밤새와 함께 음산한 소리를 내지르네.

---

* 아라크네 : 그리스 신화에서 공예의 여신 아테나와 실잣기 시합을 하다 여신의 저주를 받아 거미로 변함.
* 그것 : '영혼'을 가리킴.

묘비, 유골 단지, 무덤들 주위로
끔찍한 누더기를 질질 끌고 있는 그들의 성가신 몸 주위로
아직도 살아 있는 것이 부끄러워 빛을 피해 도망치며,
순수함이 그 눈꺼풀을 감은 시각에
자신들의 어두운 소굴에서 그들은 소리 없이 빠져나가,
범죄자들이 밤을 장악하는 것처럼
파도 위에 새벽의 기상을 흉내 내고,
산등성 위로 희미한 유성들을 내달리게 하네.
우리 정신을 사로잡는 무서운 꿈들로부터
신성한 숲 깊은 곳에서 끔찍한 소리 들리네,
혹은, 무덤 가장자리에 슬프게 앉아
쓰러지는 자신들 이마를 감추는 피 묻은 손가락들 사이로
자기 희생자들을 질투하며, 그들은 자신들의 대역죄를 애도하네
그러나 선한 자들의 영혼은 결코 돌아오지 않으리!

그가 입을 다물고 있자, 케베스가 홀로 침묵을 깨트렸

네.

　신들이 내가 희망을 꺾지 않도록 지켜 주기를,
　이 신성*은, 사랑과 마찬가지로,
　눈 위 가리개에도 우리를 진실한 빛으로 인도하기에!
　하지만, 그것*처럼 이 기슭에서 당신은 날아가려 하므로*,
　또한 애석하게도 여기 당신의 최후 말들은
　오 스승이시여, 나를 가르치기 위한 것이지 자신을 괴롭히려는 게 아니기에
　제가 답하고 당신께 질문하도록 해 주세요―
　소크라테스는 부드럽게 자기 얼굴을 끄덕였고
　케베스는 다음과 같은 말로 현자에게 질문을 했지.

---

* 신성 : 바로 위에 나오는 '진리에 대한 희망'을 가리킴.
* 그것 : 위에 나오는 '희망'을 가리킴.
* 이 기슭에서 당신은 날아가려 하므로 : 소크라테스가 이 세상을 떠나 죽으려 한다는 의미.

영혼은 무덤 너머에서 살아야만 한다'고 당신은 말합니다.

하지만 만약 영혼이 우리에게 횃불의 섬광이라면,

불꽃이 감각의 물질을 태워 버리고

횃불이 꺼질 때 빛은 어떻게 되는지요?

선명함, 횃불 그 모든 것이 함께 파괴되고

모든 것은 한꺼번에 같은 어둠으로 돌아가지는 않는지요!

또는 영혼이 감각에 대해서 이 리라에서

우리 손길이 끌어내는 조화로운 화음과 같은 관계라면,

시간이나 벌레가 그 나무*를 닳게 했을 때

끊어진 줄이 우리 손가락에서 울부짖었을 때

그리고 꺼져 가는 리라의 부러진 신경들*이

젊은 바쿠스 여사제 발밑에 짓밟힐 때,*

---

* 영혼은 무덤 너머에서 살아야만 한다 : 죽은 이후에도 영생하는 영혼의 영원성을 의미함.
* 그 나무 : 리라 본체 재료인 목재를 의미.
* 신경들 : '리라의 현들'을 의미.
* 젊은 바쿠스 여사제 발밑에 짓밟힐 때 : 그리스 신화에서 악기 리라의 명인(名人) 오르페우스는 지하 세계 하데스에서 연인 에우리디케를 지상으로 데려오다 실패해 실의에 빠져 있을 때, 디오니소스를 섬기는 여

이 신성한 화음 소리는 어떻게 되었는지요?

그것은 리라와 함께 죽는지요? 그리고 영혼은 육체와 함께…?

현자들은, 이 말에 이 수수께끼를 파헤치려
생각에 잠겨 고개를 숙이고, 땅을 바라보며
답을 찾고 있었지만, 찾을 수가 없었네!
서로 말하며 그들은 아주 낮게 중얼거렸네.
리라가 더 이상 없다면, 조화는 도대체 어디에 있는 건가요?

그러자 소크라테스는 자신의 영감*을 기다리는 듯했네.

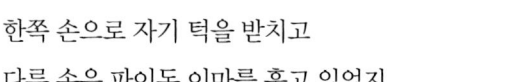

한쪽 손으로 자기 턱을 받치고
다른 손은 파이돈 이마를 훑고 있었지.
그리고 상아처럼 흰 목 위로 모험하듯 옮겨 다니며

신도들인 바카이(일명 마이나데스)들의 제안을 거절하여 죽임을 당함.

* 영감 : 원어 génie의 뜻은 '천재(성)', '재능'으로 문맥상 소크라테스가 보여 주는 탁월한 해법을 의미.

그의 금빛 머릿결을 지나치면서 쓰다듬었지.
이윽고, 땅까지 유연한 고리 모양으로 늘어진
그의 긴 머리 타래 중 하나를 손가락으로 떼어 내면서
무릎 위에서 그 부드러운 물결 모양의 머릿결을 펄럭이게 하든지,
무심한 손놀림으로 그 금발의 머리 단*을 둘둘 말고 있었네.
그리고 축제의 술잔에 지혜를 섞는*
탁월한 노인처럼 즐기면서 말했지.

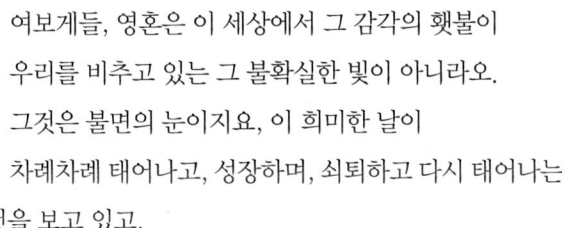

여보게들, 영혼은 이 세상에서 그 감각의 횃불이
우리를 비추고 있는 그 불확실한 빛이 아니라오.
그것은 불면의 눈이지요, 이 희미한 날이
차례차례 태어나고, 성장하며, 쇠퇴하고 다시 태어나는 것을 보고 있고,

---

* 금발의 머리 단 : 갈래로 땋아 늘인 머리.

* 축제의 술잔에 지혜를 섞는 : 축제의 가벼운 즐거움에 지혜라는 진지함을 잘 조화시키며 한쪽으로 치우치지 않는 경륜과 현명함을 의미.

그리고 그로 인해 약해지지 않고, 자기 밖에서
이 삶의 횃불이 희미해지고 사라지는 것을 느끼고 있는 눈,
선명함을 잃으면서도 어둠 속에서 시선을
간직하고 있는 덧없는 눈처럼!

영혼은 감각에 대해서 이 리라에서
우리 손길이 끌어내는 조화로운 화음 관계가 아니지.
그것은 홀로 그것을* 떨게 하는 신성한 손가락이자,
그것이 노래하거나 구슬픈 소리를 내는 것을 듣고 있는 귀이고,
주의 깊은 청취자, 보이지 않는 정령으로
조화를 판단하고 연결하며 정리하고 해결하며,
각각의 감각이 만들어 내는 불협화음으로
신들의 기쁨을 위해 황홀한 콘서트를 만들지.
헛되이 리라는 죽고 소리는 사라지지만,
이 무언의 잔해 위에서 귀는 여전히 듣고 있는 것을!
만족하는지, 케베스? 그래, 나는 당신의 작별 인사를 믿

---

* 그것은 홀로 그것을 : 앞의 '그것'은 '영혼'을, 뒤의 '그것'은 '리라'를 가리킴.

네,
　소크라테스는 불멸인 것을! 자 그럼 신들에 대해 이야기해 보세!

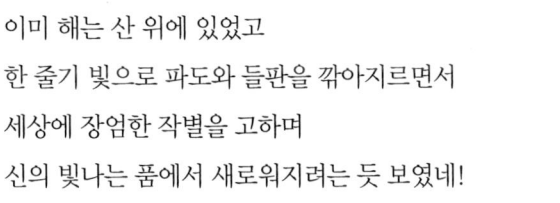

　이미 해는 산 위에 있었고
　한 줄기 빛으로 파도와 들판을 깎아지르면서
　세상에 장엄한 작별을 고하며
　신의 빛나는 품에서 새로워지려는 듯 보였네!
　가축 떼들은 타이게토스산* 꼭대기에서 내려오고 있었고,
　이메토스산* 기슭에는 벌써 어둠이 잠들어 있었으며.
　키타이론산*은 황금빛 바다에 잠겨 있었지.
　이른 아침 어부는 아직도 파도 위를 헤매며
　해안 가까이 멈춘 채 속도를 늦춰 가면서

---

* 타이게토스산 : 그리스 펠로폰네소스반도에 있는 산.
* 이메토스산 : 그리스 중동부의 아티카주 아테네 남동쪽에 있는 산맥.
* 키타이론산 : 그리스 중부 보이오티아와 서부 아티카 사이에 있는 산으로, 코린토스만 가장자리에 위치,

노래 부르며 느슨한 돛을 접고 있었네.
숲속의 피리 소리와 바다의 이 노래들이
한숨 쉬는 듯한 바람을 타고 우리에게까지 다다랐고,
우리의 침울한 흐느낌에 뒤섞이게 되었네,
저녁 햇살이 어둠 속으로 녹아드는 것처럼!

여보게들, 서두르자고, 목욕 시간이야.
노예들이여, 놋그릇에 물을 부어라!
나는 신들에게 순수한 제물을 바치고 싶거든, 하고
그는 말하네. 그리고 졸졸 물소리 나는 항아리에 몸을 담그고,
제사장이 제단에서 하듯,
자기 손으로 해방의 물줄기를 퍼 올려,

세 번 자기 이마에 물을 부어 흠뻑 적셨고,
세 번 자기 가슴에 물줄기를 흘러내리게 했네.
이어 자주색 베일로 물기를 닦으며
머리에 향수를 뿌렸고 다음과 같이 다시 말했네.
우리는 그의 자취를 숭배하느라 신 자체를 잊고 있지!

내가 그 은총*을 모독하지 않도록 아폴론이 지켜 주고 있네!
헤베*는 천상의 궁전에 생명을 쏟아붓고,
사랑의 신*의 화살통, 이리스*의 스카프,
무엇보다 동정 어린 매듭으로 자연을 묶어 주는
비너스의 빛나는 허리띠*
영원한 사투르누스* 또는 위대한 주피터,
하늘, 땅 그리고 하늘의 이 모든 신들!

---

* 그 은총 : '신의 은총'을 가리킴.

* 헤베 : 그리스 신화의 젊음의 여신. 제우스와 헤라의 차녀로 신들의 연회에서 음식 암브로시아와 술 넥타르를 따르는 일을 하고, 나중에 신의 반열에 오른 헤라클레스와 결혼.

* 사랑의 신 : 에로스(큐피드).

* 이리스 : 그리스 신화에 나오는 무지개의 여신으로, 제우스의 유혹을 물리친 이리스에게 헤라가 목걸이로 사용하라고 선물한 무지개를 의미.

* 비너스의 빛나는 허리띠 : 비너스(아프로디테)의 케스토스(cestus) 허리띠는 여신의 매력을 돋보이게 하고 사람들을 매혹함. 현대에서는 거들로 해석하기도 함.

* 사투르누스 : 제우스의 아버지인 티탄족 크로노스의 로마명. 토성을 지칭하기도 함.

올림포스나 엘리시온*에 살고 있는 이 모든 존재는
우리에 의해 신격화된 신의 형상이며
자연에 쓰인 그의 이름의 글씨들이고,
이 신이 우리 영혼에 드리우는 그림자인걸!
이 신성한 것으로 인해 내 이성이 그들을 숭배하지,
마치 우리가 새벽에 태양을 맞이하듯이.
어쩌면 결국은 이 만들어진 신들과,
리라로 노래 불린 이 지옥과 천국은
단순히 천재의 몽상만이 아니라
무한한 과정의 찬란한 단계일지도,
이 광대한 우주에 뿌려진 존재로부터
다양한 모든 별을 분리하고 통합하는 무한한 과정 말이지.
어쩌면, 실은 광대한 공간 속에서
움직이는 모든 것에는 영혼이 퍼져 있을 수도.
우리 머리 위에 뿌려진 이 빛나는 별들은
살아 있는 태양들이며 살아 움직이는 불이며,
대양(大洋)은, 두려움에 떠는 해안에 부딪히며

---

* 엘리시온 : 고대 그리스 신화, 철학, 문화에 나오는 사후 세계로 하데스의 지하 세계와 함께 사후 세계 개념을 양분. 기독교의 천국에 해당.

포효하는 파도와 함께 성난 영혼을 흔들어 대고
맑은 하늘에 날아다니는 우리의 향기로운 공기는
푸른 날개로 떠도는 영혼일지도.
낮은 빛을 퍼뜨리는 눈이고,
밤은 그 눈꺼풀을 가리는 아름다움이며,
결국은, 하늘에서, 땅 위에서, 온갖 곳에서
모든 것이 지성이고, 모든 것이 살아 있으며 모든 것이
신일지도.

하지만, 믿어들 주게나, 친구들이여, 내 목소리가 꺼져 가고 있을지라도
우리 눈이 닿을 수 있는 이 모든 신들 너머
자연 속에, 하늘 저 깊은 곳에
모호하고 신비로운 무언가 있다는 것을,
그것을 필연성, 이성이 명백히 밝히고 있고
이 영혼의 눈인 믿음만이 보여 주고 있지!
세월과 영원의 동반자여!
무한처럼 거대하고 일체처럼 홀로인 것을!
명명하기 불가능하고, 우리 감각으로는 느낄 수 없네!

그 첫 번째 속성, 그것은 상상할 수 없다는 것이지!
어디에서나, 언제든지, 어제도 오늘도 내일도,
내려가든, 다시 올라가든 우리는 그에게 닿게 되는 것을!
여러분이 보는 모든 것은 그의 전능함이고
우리가 생각하는 모든 것은 그의 숭고한 본질인 것을!
힘, 사랑, 진리, 모든 선의 창조자,
그것이 여러분의 신들의 신이요, 유일한 신이며, 나의 신인 것을…!

그러자, 케베스가 말하길, 악, 그것은 누가 만들었나요?
— 바로 죄악이지.
죽을죄를 지은 자들에 대한 정당한 처벌로,
이 타락한 세계에서 악과 죽음은
같은 날 태어났고, 신은 그것들을 모르고 있고!
어쩌면 어떤 치명적인 매력, 어떤 죄지은 불꽃이
물질을 영혼으로 한때 끌어당겼던 것인지,
혹은 오히려 삶이 너무 강력한 매듭으로
이 세상에서 정신과 감각을 얽어매면서

그 둘 모두에게 간음한 사랑으로 스며들게 하든지,
그것들은 극비리로만 결합되는 것을.
이 끔찍한 결합, 그것은 악이지요. 그리고 죽음은
치료이자 벌로 애써 그 결합을 끊어 버리는 거고.
그러나, 이 결합이 끝나는 최후의 순간에
비루한 것들 넘어 영혼은 다시 제국을 되찾고
불멸의 광선으로 날아오르지,
행복과 진리의 세계로!

―――◆――――

당신은 그 보이지 않는 세계로 가는 길을 알고 있나요?
케베스가 묻는다, 그러면 당신이 보기에 그곳은 닿을 수 있는 곳인가요?

― 친구들이여, 난 그곳에 가까워지고 있고, 그래서 그것을 찾게 되겠지…

― 뭐가 필요한지요? 파이돈이 묻자, 순수해지고 죽는 것이지!

인간이 다가갈 수 없는 우주 한 지점에,
어쩌면 천국에, 아마도 우리가 있는 바로 그곳에,

또 다른 세상, 엘리시온, 천국이 있지,
기나긴 꿀의 물줄기가 흐르지 않고,
그곳에선 선한 자들의 영혼들은, 오직 신만이 변화시키기에
영원한 넥타르에 취하지 않지만,
성스러운 넋들, 불멸의 영혼들은
그들의 희생된 육신의 대가를 받게 되겠지!
어두운 템페*도, 향긋한 아침 숨결이
취하게 하는 보기 좋은 메날레*도
하이모스*의 골짜기들도, 에브로타스강*이
졸졸대는 물소리로 매혹하는 저 풍요로운 언덕들도,
여행자들에게 자기들 고국을 잊게 만드는

---

* 템페 : 그리스 북동쪽 지역 올림포스산과 오사산 사이에 위치한 테살리아 북부의 템페에 있는 계곡. 올림픽 경기처럼 피티아 제전의 우승자에게 템페에서 나오는 월계수 화관을 씌워 줌.
* 메날레 : 그리스 펠로폰네소스반도 아르카디아 지역에 있는 산.
* 하이모스 : 그리스 신화에서 트라케의 왕으로 왕비인 로도페와 함께 서로를 제우스와 헤라로 부르는 오만으로 신의 노여움을 사 산으로 변하는 벌을 받음.
* 에브로타스강 : 그리스 펠로폰네소스반도에 있는 강. 유로타스라고도 불림.

시인들이 끝내 사랑한 저 대지도
그 행운의 거처에는 여전히 이르지 못하는 것을,
그곳에선 신의 눈길이 영혼에 빛을 주고 있고
그곳에선 결코 밤에도 이 신성한 빛이 사라지지 않으며
그곳에선 생명과 사랑은 대지가 숨 쉬는 공기이고,
그곳에선 불멸이거나 언제나 다시 태어나는 육체들이
다른 쾌락들을 위해 그에게 다른 감각들을 부여하지.

뭐라고요? 하늘에 육체가 있고 삶과 함께 죽음이 있다고요?
그렇다네, 영혼이 찬미하는 변화한 육체들이지!
영혼은, 이 신성한 옷들*을 만들기 위해,
온 우주에서 원소들의 꽃을 따지.
생명과 물질이 가진 가장 순수한 모든 것이,
부드러운 빛의 투명한 광선들이,
가장 부드러운 색채들의 미묘한 반영들이,

---

* 이 신성한 옷들 : 영혼을 감싸는 육체를 뜻함.

저녁이 꽃들의 품에서 앗아 가는 향기들이,
사랑스러운 제피로스*가 한밤중에
속삭이는 물결로부터 자아내는 조화로운 소리들이,
금빛과 쪽빛으로 뿜어져 나오는 불꽃이,
청명한 하늘에 굽이치는 맑은 시냇물들*이,
새벽이 제 베일들*을 물들이기 좋아하는 보랏빛이,
그리고 깜박거리는 별들의 잔잔한 빛들이,
모여서 조화로운 결합을 이루면서
그* 손가락 아래에서 섞이고 그 육체를 이루네.
그리고 영혼은, 예전엔 지상에서 노예로
이 반항적인 감각들과 헛되이 싸웠음에,
오늘날엔 그* 무력한 소망을 이기고
감각의 세계를 위엄 있게 다스리며,

---

* 제피로스 : 그리스 신화의 서풍(西風)의 남성 신으로 서풍, 미풍, 씨앗을 자라게 하는 봄바람 등으로 묘사됨.
* 청명한 하늘에 굽이치는 맑은 시냇물들 : 밤하늘에 강처럼 흐르는 은하수를 의미.
* 제 베일들 : 새벽녘 여명의 색깔.
* 그 : '영혼'을 가리킴.
* 그 : '감각들'을 가리킴.

끝없는 즐거움을 위해 그것들을 한없이 늘리고
공간과 시간과 생명으로 장난을 친다네!

    때로는 어떤 욕망이 자기를 부르는 곳으로 날아가기 위해,
    그것*은 제피로스의 날개를 향기롭게 하고,
    이리스*의 빛으로 스치며 그것들을 물들인다네,
    그리고 천국에서 지옥까지, 해 질 녘에서 새벽까지
    떠돌이 벌처럼, 그것은 사방을 달려가지
    하느님의 업적들을 발견해 입맞춤하기 위해서.
    때로는 새벽이 자기에게 빌려주는 빛나는 수레에
    영혼은 폭풍우가 몰아치는 준마(駿馬)를 매어 두네.
    그리고 흩뿌려진 불꽃들의 이 아름다운 사막에서
    그것이 한때 사랑했던 그 위대한 정신들을 찾으며,
    태양에서 태양으로, 우주에서 우주로*,

---

* 그것 : '영혼'을 가리킴.
* 이리스 : 무지개.
* 우주에서 우주로 : 원문은 'de système en système'으로 자연계의 계통

영혼은 자기가 사랑하는 것과 함께 날아오르고 사라지고,
　　무한한 공간의 광대한 굴곡을 따라가며
　　언제나 신의 품 안에서 자신을 되찾는다네!

　　영혼은 천상의 자기 본성을 유지하기 위해
　　육체로부터 그 순결한 양식을 빌리지 않는다네.
　　헤베*의 잔에서 흐르는 넥타르도,
　　바람에 가로채인 꽃들의 향기도,
　　그를 기리기 위해 따른 헌주(獻酒)*도
　　영혼을 함양할 수는 없으리. 그것*은 사고(思考)로 살아가지
　　충족된 욕망으로, 사랑으로, 감정으로,

또는 체계의 뜻임. 본문에선 우주 공간을 의미함.
* 헤베 : 그리스 신화에서 젊음과 청춘의 여신. 제우스와 헤라의 차녀로 언니는 출산의 여신 에일레이투이아.
* 헌주(獻酒) : 신에게 술, 우유, 기름 등을 바침.
* 그것 : '영혼'을 가리킴.

그 불멸의 존재로 불멸의 양식으로 말이야.
하늘이 번성케 하는 이 신성한 열매들 덕분에
영혼은 생명을 지탱하고 연장하며 영원케 하고
그리고 영원한 사랑의 힘으로
자기 존재를 배가(倍加)하여 스스로 창조할 수 있지!

왜냐면, 육체가 그러하듯 사고도 풍요로우니까.
하나의 욕망만으로도 온 세상을 가득 채우기에 충분하지.
메아리로 반복된 소리가
끝없이 커져서 무한 속을 달리거나,
혹은 한순간의 불꽃이 퍼져 나가면서
제단 위에 불멸의 불꽃을 밝히듯이 말이야.
그리하여 서로를 향해 이끌린 그 존재들은
창조적인 사랑으로 끊임없이 스며들어
무한을 통해 서로를 찾고 서로 합쳐져
영원한 포옹으로 서로 사랑하면서 서로 풍요로워지고,
곳곳을 채우고 있는 황량한 별들은
자신들 세대를 하늘에서 이어 나가지,

오 천상의 사랑이여! 성스러운 격정(激情)이여, 순결한 불꽃이여!
　영원히 영혼이 영혼에 뒤섞이는 입맞춤이여,
　거기에선 영원한 갈망과 순수한 아름다움이
　서로 결합하며 쾌락의 함성을 터뜨리지!
　내 감히 말하고자 한다면 말이야!
　　　　　　　그런데 어떤 소리가 아치* 밑에서 울려 퍼지네!
　말이 가로막힌 현자(賢者)*는 조용히 귀 기울이고
　우리 모두 서쪽으로 시선을 돌리니
　아아! 이제 하루가 하늘을 떠나 사라지고 있었네!*

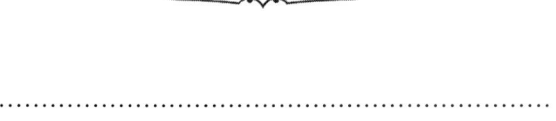

....

* 아치 : 원어는 궁륭(穹窿)으로 소크라테스가 갇힌 감옥의 반원형의 아치 천장.
* 현자(賢者) : 소크라테스를 가리킴.
* 이제 하루가 하늘을 떠나 사라지고 있었네! : 해가 지고 소크라테스가 독배를 마셔야 하는 시간이 다가옴을 의미.

....

눈길을 돌리며, 사법관의 종복*은
그에게 청동 잔에 담긴 독을 건네었네.
소크라테스는 차분한 얼굴로 그것을 받았고
성스러운 선물처럼 손으로 그것을 들어 올리며,
시작했던 자기 말을 한순간도 멈추지 않은 채
잔을 비우기 전에 자기 생각을 마무리했네.
그 한가운데에서는 언제나 죽음만을 쏟아내던*
테두리 넓은 잔의 둥그런 옆면에
예술가는 불꽃의 숨결로 녹여 놓았지,
영혼의 바로 그 상징인 프시케* 이야기를.
그리고 더 달콤한 불멸의 상징인
상아로 조각된 우아한 나비 한 마리가
자신의 탐욕스러운 흡관을 이 죽음의 물결에 담그며

---

* 사법관의 종복 : 11인단의 종복(하인).

* 죽음만을 쏟아내던 : 사형을 집행하기 위해 항상 사용하는 독배(毒杯).

* 프시케 : 그리스 신화에서 미의 여신 아프로디테의 아들인 에로스(로마명 큐피드)의 아내.

날개를 펼쳐 잔의 손잡이를 이루고 있네.
프시케는 자기 부모에 의해 사랑의 신*에게 헌신되어
새벽이 되기 전 찬란한 거처를 떠나
장중한 장례 행렬에 둘러싸인 채
죽음 같은 그 신성한 결혼을 행하러 갔지.
그 후, 홀로 앉아 무릎에 머리를 묻고 울면서
끔찍한 황야에서 자기 남편을 기다리고 있었네.
그러나, 그녀의 고통을 잘 느낀 변덕스러운 제피로스
마치 하늘이 우리에게 불어넣는 신성한 욕망처럼
한숨으로 그녀 눈가의 눈물 닦아 내며
자기 품에 잠든 그녀를 하늘로 올려 갔네.
그녀의 아름다운 이마 그의 어깨 위에 숙인 채

  그녀의 긴 머리카락들 아이올로스* 부드러운 입맞춤에 맡겨졌네.

  제피로스, 그 매력적인 짐*에 압도되어

  자기 팔로 그녀에게 사랑스러운 요람을 만들고

  그녀의 긴 속눈썹 자신의 타오르는 숨결로 어루만지며

---

* 사랑의 신 : 프시케의 남편 에로스.
* 아이올로스 : 바람.
* 매력적인 짐 : 프시케를 의미.

사랑의 신을 질투하여 그녀를 그에게 마지못해 돌려주었네.

여기, 장미들 위에 누워 있는 다정한 사랑의 신이
떨고 있는 프시케를 두 팔 사이에 껴안자,
그녀는 은밀한 두려움에 저항할 수 없어
그의 입맞춤을 받아들이고 감히 되돌려주지 못했네.
왜냐면, 천상의 남편은 그의 애정 어린 사랑을 달래며,
항상 성스러운 침대에서 아침과 함께 달아났기 때문에.
나중에, 은밀한 욕망으로 깨어나
어둠의 장막에서 반쯤 벗어난 채,*
한 손에 등불을, 다른 손에는 단검을 든
프시케는, 아아! 보지 말아야 함에도,
잠든 남편의 사랑을 위태롭게 하며 들킬까 봐 떨면서
한쪽 발로 서서 침대 쪽으로 몸을 기울였고,
사랑의 신을 알아보고는, 갑자기 비명을 질렀네.

* 어둠의 장막에서 반쯤 벗어난 채 : 어둠이 반쯤 가시고 새벽이 오는 광경.

그리고 그녀의 손에서 등불이 떨리는 것이 보였지.

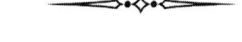

그런데 타오르는 기름에서 흘러나온 한 방울
기울어진 등불에서 불행히도 새어 나와
잠든 연인의 벌거벗은 가슴 위로 떨어졌네.
참지 못한 사랑의 신,* 반쯤 깨어나
그 단검과 그 방울* 번갈아 바라보았네…
그리곤 분노에 차 천상으로 사라져 버렸지!
신들을 너무 가까이에서 보려고 그들을 모독하는
무분별한 욕망의 위협적 상징이지!

이번엔 그 처녀 방방곡곡 떠돌며
　자기 젊은 연인에 눈물 흘렸지,* 더 이상 자기 불행에 아니라.
　그러나 결국 사랑의 신, 그녀 눈물에 감동하여

---

* 참지 못한 사랑의 신 : 기름방울의 뜨거움을 참지 못했다는 의미.
* 그 방울 : 기름방울을 가리킴.
* 자기 젊은 연인에 눈물 흘렸지 : 젊은 연인(에로스)을 잃은 슬픔.

그녀 잘못을 용서했고, 행복한 프시케
자기 천상의 남편에게 올림포스로 이끌려
신의 입술로 생명의 물줄기를 마시며*
수줍게 하늘로 다가갔네.
그리고 비너스가 그녀의 아름다움에 미소 짓는 것이 보였지.
그렇게 미덕으로 신성해진 영혼은
신들과 동등하게 되어 엘리시온을 다스리려 돌아오지!

하지만, 소크라테스는 손에 든 잔을 들어 올리며
바칩시다, 먼저 인간의 주인들에게 바칩시다
불멸의 이 행복한 첫 열매를!
하고 말했지. 그리고 땅 쪽으로 잔을 기울여
소중한 넥타르를 아끼려는 듯
신들을 위해 단지 두 방울만 부었네.
그리고 갈망하는 입술에 음료를 가까이 대고

---

* 신의 입술로 생명의 물줄기를 마시며 : 에로스의 입맞춤.

표정 하나 바꾸지 않고 천천히 그것을 비웠네,
마치 잔치를 떠나기 전, 손님이
자기 황금잔에 남은 포도주 따르며
그가 맛보는 마지막 즙*을 더 잘 음미하기 위해
천천히 잔 기울이며 한 방울 한 방울 마시는 것처럼.
그리고, 임종 침대* 위에 가만히 누워
그는 중단된 자기 이야기 곧장 다시 이어 갔네.

신들에게 희망을 걸고 우리 영혼을 믿자고!
우리 마음속에 사랑의 불꽃을 키우자고!
사랑은 신들과 인간의 연결고리지.
두려움이나 고통은 그들 제단을 모독하는 것이네.
우리들 구원의 행복한 신호가 올 때
친구들이여, 그들을 향해 희망의 비행을 하자고.

---

* 마지막 즙 : 포도주의 마지막 한 방울.
* 임종 침대 : 죽음을 기다리며 누워 있는 침대.

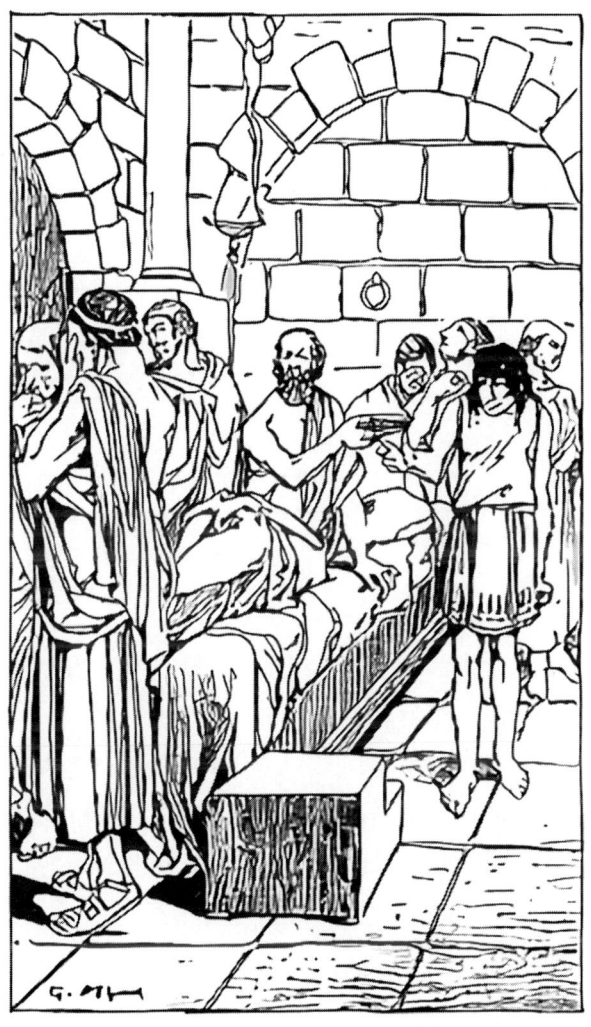

죽음의 이별도 울부짖음도 눈물도 필요 없지!
이 땅에서는 희생자에게 꽃으로 관을 씌우는 법이지.
기쁨과 사랑의 관을 쓴 우리 영혼은
혼례식에처럼 그들을 맞이하러 다가가야 하는 것을!
그것은 화환이고 귀한 향기이며
목소리, 악기들 그리고 감미로운 노래들로
이 최고의 연회에 소환된 영혼이
신들께 가기 전 자신이 즐거워해야만 할 것들이지!

그러니 두려움이 창백하게 하는 그 이마들을 들어들 올리게나!
나를 매장해야만 하는지 내게 더 이상 묻지들 말고.
나였던 이 육신에 어떤 기름을 부어야만 하는지
어느 곳에, 어떤 유골함에 내 재를 보관해야만 하는지도.
여러분이나 내게 무슨 상관 있을까? 이 하찮은 껍데기가
불꽃이나 벌레의 먹이가 된다 한들 어떨지?
한때 나와 하나였던 이 차가운 먼지가
파도나 어쩌면 시체 더미에 휩쓸려 간다 해도 어떨지?
이 하찮은 육신은 여러 요소로 이뤄져 있기에

더는 내가 아닌 바다의 물결이고,
북풍이 흩날리는 나뭇잎이며
인간의 점토*였던 떠도는 원자이고
공중에 내뿜어진 장작불이며
당신들 길에서 밟힌 움직이는 모래일 뿐!

하지만, 나는 떠나면서 이 척박한 땅에
　소크라테스가 어떠했는지에 대한 더 고귀한 흔적을 남기려네,
　내 재능은 플라톤에게! 여러분 모두에게는 나의 덕목을!
　내 영혼은 정의로운 신들에게! 내 생명은 멜리토스*에게!
　마치 잔치를 떠날 때, 문지방에서 짖어 대는
　탐욕스러운 개에게 그 먹이를 또 던져 주듯이!

---

* 인간의 점토 : 그리스 신화에서 점토(진흙)로 인간을 만듦.
* 멜리토스 : 아테네 사법 심판관 중 한 명으로 소크라테스 사형 판결의 주모자.

슬픈 탄식의 노(櫓)와 파도 소리가
바다 위 선원들 노래와 어우러지듯,
이 대화 중에 침울한 탄식은
성벽 안 문턱에서 그의 목소리를 동반하고 있었네.
아아! 바로 자기 남편에게 간청하는 미르토*를
이별의 시간이 우리들 사이로 다시 데려온 것인 것을!
혼란스러움이 그녀의 불안정한 걸음을 어지럽히고,
질질 끌리는 그녀의 옷자락에 매달린 채
두 아이가 맨발로 그녀 옆을 걸으며
급하게 내딛는 그녀의 발걸음을 비틀거리며 따랐네.
긴 머리카락으로 그녀는 자신의 눈물을 닦고 있었지.
그러나 깊은 눈물 자국은 그녀의 매력을 시들게 했네.
죽음이 그녀의 얼굴에 창백함을 드리웠으니,
마치 무력한 고통이 지나가면서
소크라테스의 위대한 영혼에는 닿지 못한 채
남자는 존중하고 여자는 모독하는 것 같았던 것을*!

* 미르토 : 소크라테스는 두 명의 부인 크산티페와 미르토가 있었음.
* 남자는 존중하고 여자는 모독하는 것 같았던 것을 : 남자는 소크라테스, 여자는 부인인 미르토를 의미.

그 모습에 공포와 사랑에 사로잡힌
그녀는 그를 향해 애틋한 존경 속에서 눈물 흘렸지.
마치, 키테레이아*가 애도하던 신의 제일(祭日)*에,
아도니스의 시신 위에서 눈물에 젖은 바카이*가
비너스의 신성한 고통을 같이 나누며,
그녀의 눈물로 대리석*을 부드럽게 다시 데워 주고,
말 없는 입으로 조심스레 그것에 스치듯 입맞춤하네,
그리고 그녀가 슬퍼하는 아름다운 신*을 숭배하는 것처럼 보였네!

---

* 키테레이아 : 아프로디테의 다른 이름. 여신의 탄생 신화로 우라노스의 거세로 인한 거세물이 물결을 따라 먼저 에게해의 키티라(또는 키테라)섬에 닿고 후에 키프로스섬에 닿은 후 태어났기 때문에 '키테레이아' 또는 '키프로게네스'라 불림.
* 애도하던 신의 제일(祭日) : 아도니스의 제삿날을 가리킴.
* 바카이 : 술과 광란의 신 디오니소스 (바쿠스)를 추종하는 여성 광신도들로 '마이나데스(미친 여자라는 뜻)'라고도 불림.
* 대리석 : 묘비.
* 아름다운 신 : 아도니스.

소크라테스는 아이들을 품에 안으며
그녀의 젖은 뺨에 입맞춤하고 아주 낮은 소리로 말했네.
우리는 눈물을 봤는데, 바로 마지막 눈물이
그의 처진 속눈썹 아래 눈꺼풀 안에서 흘러내린 것을.
이윽고 쇠약해진 팔로 아이들을 신들께 바치며 [말했네]
여기서 나는 그들 아버지였지만, 하늘에서는 당신들이 아버지입니다!

나는 죽지만, 당신들은 살아 계시지요! 저 아이들의 어린 시절을 지켜봐 주시길!

오 선하신 신들이시여, 저는 이 아이들을 당신들 섭리에 맡기겠나이다!

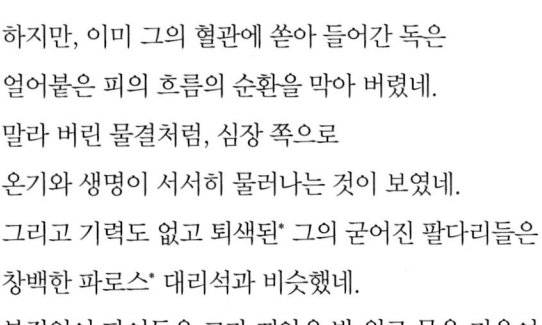

하지만, 이미 그의 혈관에 쏟아 들어간 독은
얼어붙은 피의 흐름의 순환을 막아 버렸네.
말라 버린 물결처럼, 심장 쪽으로
온기와 생명이 서서히 물러나는 것이 보였네.
그리고 기력도 없고 퇴색된* 그의 굳어진 팔다리들은
창백한 파로스* 대리석과 비슷했네.
부질없이 파이돈은 그가 껴안은 발 위로 몸을 기울여

뜨거운 자기 숨결로 그 얼음장을 다시 데우려 했지만,
그의 이마, 손, 발은 우리의 손길 아래서 얼어붙어 갔네!
우리에게 남겨진 거라곤 그의 영혼과 목소리뿐이었지!
갈라테이아가 빠져나오는 신성한 덩어리*와 비슷하게.
올림포스에서 빌린 불멸의 영혼이
연인의 목소리 따라 대리석으로 내려와
첫 느낌으로 그녀의 심장을 요동치게 하고,
방금 동이 튼 날에 자기 눈꺼풀을 열면서
더 이상 대리석은 아니지만 여전히 여인도 아닌 때의
[갈라테이아처럼]!

그것은 죽음의 창백한 위엄이었을까,

---

* 퇴색된 : '색채가 없는(sans couleur)', 즉 '퇴색된'은 '생명의 징후'가 없다는 의미.

* 파로스 : 에게해에 있는 섬으로 최상급 대리석 산지로 유명.

* 갈라테이아가 빠져나오는 신성한 덩어리 : 피그말리온이 만든 상아(또는 대리석) 조각상으로, 그의 간청을 들은 아프로디테가 생명을 불어넣자, 살아 있는 여인이 되어 '갈라테이아'라는 이름을 얻고 피그말리온과 결혼.

아니면 불멸의 첫 빛줄기였을까?

그러나 그의 이마는 숭고한 아름다움으로 빛나며

디디마* 산봉우리들의 여명처럼 빛나고 있었네.

그리고 우리는, 그의 마지막 이별을 알아차리려 애썼음에도,

두려움에 눈을 돌렸고 신을 보고 있다고 생각하고 있었지!

때때로 하늘로 눈을 든 채 그는 조용히 꿈속에 잠긴 듯했네.

이어 파도 같은 자기의 거룩한 웅변을 펼쳐 보이며

달콤한 포도즙에 취한 사람처럼

끝없는 이야기의 실타래를 수천 번 끊어 가며

혹은 어두운 거처들을 떠도는 오르페우스처럼

간간이 끊긴 말투로 그는 그림자들*에게 이야기하고 있었네!

---

* 디디마 : 디디마는 어원이 쌍둥이란 뜻으로 아폴론과 아르테미스를 의미. 튀르키예 서쪽 이오니아 해안에 있던 고대 그리스 성지로 아폴론의 신탁을 받는 유명한 성소.

* 그림자들 : 소크라테스가 죽어 가면서 주위에 있는 사람들이 환영으로 보임.

'고개들 숙이세요, 아카데모스*의 사이프러스들이여!"
라고 그는 말했네!

숙이시고 눈물들 흘리세요, 당신들은 더 이상 그를 보지 못할 테니!

파도가 피레우스*의 대리석에 부딪히면서

그 거품과 함께 울부짖는 소리를 내던지네!

신들이 그를 다시 불러 간 것을! 그것을 모르나요?

하지만 슬픔에 잠긴 그 친구들, 그들은 어디로 발걸음을 옮기는 걸까?

플라톤, 케베스, 그의 아이들과 아내가 있고

영혼의 아이인 그의 소중한 파이돈도 있네!

---

* 아카데모스 : 아테네를 전쟁으로부터 구한 영웅. 아카데모스를 기리기 위해 아테네 근교에 세운 사당에 플라톤이 세운 학교가 바로 아카데메이아(아카데미의 어원).

* 아카데모스의 사이프러스들이여! : 사이프러스는 고대 그리스에서 신이나 영웅에게 제사를 올리는 장소에 월계수, 종려나무, 떡갈나무, 올리브나무 등과 함께 심는 성림(聖林). 이승과 저승의 경계선에 있는 나무로 여겨짐. 아카데모스의 사이프러스들은 임종 직전의 소크라테스 주위에 모인 동료와 제자 지식인들을 의미.

* 피레우스 : 아테네 서쪽에 있는 그리스 최대 항구 도시.

그들은 포이베의 빛*을 받으며 은밀한 발걸음으로 가네

보이지 않게 숨겨진 관 위에 애도하기 위해,

그리고 내 유골함에 몸 기울이며 그들은 기다리는 듯 보였지

그들이 사랑했던 목소리가 아직도 내 재에서 나오기를.

그래, 친구들이여, 난 여러분에게 이야기할 겁니다, 예전에

침대에 몸을 기울인 채 여러분이 내 목소리를 갈망하던 때처럼!

하지만 그 시간은 아직 먼 것을! 그리고 잠깐의 부재(不在)*가

위대한 신들인 그들과 나 사이에 얼마나 큰 거리를 두게 했는지!

내 발자취를 그렇게 오래전부터 찾고 있는 여러분,

눈을 들어 보기를…! 그들은 내 말을 듣지 못하네!

왜 이런 애도를 하는지? 왜 이런 눈물로 당신은 넘쳐나는지?

---

* 포이베의 빛 : 달빛. 포이베는 달의 여신 아르테미스의 별칭으로 남동생인 태양신 아폴론은 포이보스라 불림.

* 잠깐의 부재(不在) : 지상에서 인간의 짧은 삶.

미르토, 적어도 당신의 긴 금발 머리칼은 아끼고,
눈물로 닦인 당신 눈을 내게로 돌려 보세요.
미르토여, 플라톤이여, 케베스여, 친구들이여! 여러분이 알기만 한다면…!

오라클*들이여, 잠잠해라! 무너지거라, 스토아파 목소리*여!
달아나거라, 고대 지혜의 헛된 빛들이여!
거짓 빛으로 채색된 구름들이여,
진리 앞에서 사라지거라!
형언할 수 없는 결합에서 그것*은 피어날 준비된 것을.
기다려들 보라, 1, 2, 3… 4세기만 더
그리고 광야에서 시작되는 그 신성한 빛들이
불멸의 광채로 우주를 가득 채우리라!

---

* 오라클 : 신탁(神託) 또는 신탁을 내리는 자들.
* 스토아파 목소리 : 인간 지혜와 도덕적 가르침에 대한 탐구라는 공통점에도 불구하고, 소크라테스는 대화와 질문을 통해 인식의 한계를 탐구하며 질문과 대화를 통해 지식을 추구하는 방식이었다면, 반면에 제논과 스토아학파는 실용주의와 도덕적인 가르침을 강조.
* 그것 : '진리'를 가리킴.

우리에게 그 얼굴을 가리고 있는 신의 그림자들인 너희들이여,

그것을 대신해 숭배하게 되는 허위의 환영들이여,

살과 피로 이뤄진 신들이여, 살아 있는 신들이여, 필멸의 신들이여,

불결한 제단 위에서 신격화된 악덕들이여,

도둑질과 간음이 처벌받지 않은 채 숭배하는

황금 날개의 머큐리*여, 키테라의 여신*이여.

크든 작든 주피터 일족인 너희들 모두는

잔뜩 모여들어 물과 땅과 공기를 더럽히는데,

조금만 시간이 더 있으면, 너희들의 불길한 무리*는

무너지는 올림포스의 그릇된 믿음*과 함께 굴러떨어지며

신성하고 유일하며 보편적인 신께 자리를 내줄 것이리라,

* 머큐리 : 전령의 신이자 상업과 도둑 그리고 사기꾼의 신 헤르메스.
* 키테라의 여신 : 미의 여신 아프로디테.
* 너희들의 불길한 무리 : 그리스 신화의 신들.
* 무너지는 올림포스의 그릇된 믿음 : 소크라테스가 추구하는 진리라는 관점에서 그리스의 다신교가 가지는 오류.

제단이 조금도 필요 없는 내가 숭배하는 유일신께 말이야!

....
....

드디어 비밀이 드러났네! 얼마나 광대한 조화인지!

....

....

그런데, 도대체 너는 누구였는지? 신비로운 천재여!
항상 내 눈에 네 얼굴을 가리면서
목소리로 천국의 문까지 나를 이끌었던 너는?
충직한 새처럼 나와 동행하면서
부드러운 네 날개바람으로 아직도 내 이마를 어루만지는 너,
너는 이 신성한 처소의 그 어떤 아폴론인지,
아님, 사랑의 신에 의해 보내진 그 어떤 아름다운 머큐리인지?
너는 활을 들고 있는가, 아니면 리라, 또는 행운의 카두

케우스*를?

아니면 단지 너는 단순한 생각에 불과한지? 내게 답해 다오.

아, 어서 오기를, 네가 누구든지 간에, 영혼이든 인간이든 또는 신이든!

내 영원한 작별을 받기 전에,

내게 발견하게 해 다오, 내게 알아보게 해 다오

태어나기 전부터조차 나를 사랑해 준 그 친구를!

내가, 길 끝에 다다르면서,

내 안내자에게 감사를 표하고 그의 손에 눈물 흘릴 수 있기를!

아직도 너를 가리고 있는 그 눈부신 베일에서 나와라!

다가오라! 하지만 내가 무엇을 보고 있는 건지? 오, 내가 숭배하는 말씀,

영원히 공존하는 빛, 내가 보고 있는 것은 바로 너희들인 건지?

베일을 써라, 아니면 나는 두 번 죽어 가는 것을!

---

* 카두케우스 : 뱀 두 마리가 올라가고 있는 형상이 조각된 헤르메스의 지팡이.

．．
．．

에리트레아*의 파도가 경건하게 입 맞추는
거룩한 땅에서 태어날 자들은 복이 있나니!
그들은 자신들의 맑은 수평선 위로 가장 먼저 보게 될 것을
아침에 이성(理性)의 별이 떠오르는 것을.
친구들이여, 동쪽으로 눈을 돌려들 보게나.
진리가 빛이 우리에게 오는 그곳에서 오리라!
그런데 누가 그것을 가져올 것인가? 그것은 잉태된 말씀인 너인 것을!
너, 시간을 가로질러 내 눈들이 알아차린 자여,
너, 미래로 반사된 그 찬란함이*
삶의 정점에서 앞서 나를 비추는 자여,
너는 와서,* 너는 살아가고, 너는 마땅한 죽음으로 사

---

* 에리트레아 : 고대에 '에리트로스해'라 불린 지금의 홍해 연안에 있는 나라.
* 미래로 반사된 그 찬란함이 : '너의 찬란함이 미래에 반사되어'의 의미.

라지네!

왜냐면 죽음은 모든 진리의 대가(代價)이기에.

그러나 이 세상에서 들리는 죽어 가는 네 목소리는 내 목소리처럼 적어도 잊히진 않으리.

하늘에서 오는 목소리는 그곳으로 다시 올라가지는 않으리.

선잠 든 우주는 네 말을 듣고 발걸음 내딛네!"

운명의 수수께끼가 지상에서 드러나는 것을!

....

아아! 나는 이 숭고한 신비를 의심했던 것을!

신비한 숫자를! 심오한 삼위일체를!

삼중(三重)의 일체성으로 이뤄진 세모꼴을!

형태들, 색깔들, 숫자들조차

모든 게 내게 나의 신을 숨기고 있었지! 모든 것이 그의 상징이었거늘!

하지만 그 베일들은 마침내 내게서 사라졌지.

---

* 너는 와서 : '태어나서'의 의미.

* 선잠 든 우주는 네 말을 듣고 발걸음 내딛네! : 아직 미몽 상태의 온 우주가 진리에 의해 깨어난다는 의미.

들어들 보게나!

               그는 말하고 있었지만, 우리는 더 이상 그의 말이 들리지 않았네!

그러나 그의 가슴속에 짓눌린 숨결은
자기 생각에 소리를 주기에* 너무 약해서
반쯤 열린 그의 입술에서 애석하게도 죽어 가고 있다가,
이윽고 갑자기 요동치며 뛰기 시작하는 것 같았네.
마치, 고향의 강가에서 쓰러질 준비를 한 채,*
내려앉은 백조의 날개가 퍼덕이는 것을 보는 것처럼.
꿈의 품 안에서 그는 잠든 것처럼 보였네.
우리 친구* 위로 몸을 기울인 용감무쌍한 케베스는
사라져 가는 영혼을 그의 눈에서 다시 불러들이며,
죽음의 문턱에서까지 여전히 그에게 물었네.

---

* 자기 생각에 소리를 주기에 : '자기 생각을 말(소리)로 표현하기엔'.
* 고향의 강가에서 쓰러질 준비를 한 채 : '원래 태어난 곳에서 죽음을 맞이한다'는 의미.
* 우리 친구 : 소크라테스.

당신은 자고 있나요? 그가 그에게 물었다, 죽음은 잠인 건지요?

그는 힘을 모아 말하네. 그것은 깨어남인 것을!

당신의 눈은 죽음의 그림자들로 가려져 있나요?

아니, 어둠 속에서 맑은 날이 밝아 오는 것을 보고 있지!

당신은 비명이나 신음 소리가 들리지 않나요? 아니!

나는 황금빛 별들이 어떤 이름을 속삭이는 소리가 들리지!

당신은 무엇을 느끼는지요? 어린 번데기*가

메마른 껍질을 땅에 남기고

새벽빛에 허약한 눈을 뜨면서

아침 미풍(微風)이 자기를 하늘로 들어 올릴 때 느끼는 것이지.

당신은 우리를 속이지는 않았는지요? 대답해 보세요, 영혼, 그것은…?

그 미소를 믿어들 보시게, 그것*은 불멸이었네!

이 불완전한 세상에서 벗어나기 위해 당신은 무엇을 기

---

* 어린 번데기 : 나비가 번데기에서 성충이 되어 날갯짓으로 날아오름.
* 그것 : '영혼'을 가리킴.

다리고 있는지요?

　나는 배처럼, 떠나기 위해 바람을 기다리고 있지.

　그것*은 어디에서 오게 될까요? 하늘에서지. 한마디 더…

　아니, 내 영혼을 평화롭게 놔두게, 그것이 날아가도록 말이야.

　………………………………………………………

　그는 그렇게 말하고 마지막으로 눈을 감았네.

　그리고 한동안 숨도 소리도 없었지

　간간이 돌아오는 생명의 희미한 빛줄기가

　꺼져 가는 자줏빛으로 그의 창백한 이마를 비추고 있었지.

　그렇게, 가을의 끝자락 맑은 저녁나절에

　이미 해가 지평선을 떠났을 때

　잊힌 어떤 빛이 어둠에서 빠져나와

　지나가면서 구름의 금빛 면을 물들이고 있네.

　마침내, 더 자유롭게 그는 숨을 쉬는 듯했네,

　그의 얼굴에는 온화한 미소가 감돌면서.

* 그것 : '바람'을 의미.

'해방자 신들에게 희생을 바치자'라고, 그는 말하네.

그들이 나를 치유한 것을! 무엇으로부터요? 케베스가 물었네. 삶으로부터!

그리고 가벼운 한숨이 그의 입술에서 흘러나왔지,

하이블라*의 벌의 비행만큼 부드러운 한숨이!

그것이 예전에는… 난 모르겠네, 하지만 성스러운 위안으로 충만한

우리는 우리 안에 두 번째 영혼 같은 것을 느꼈지!

———⋄———

....
....
....
....
....

물 위 백합처럼 그리고 노가 기울듯이

그의 머리가 가슴 위로 힘없이 기울어졌네.

---

* 하이블라 : 이탈리아 시칠리아섬에 있는 산으로 양질의 꿀 산지로 유명. '히블라'라고도 불림.

죽음이 반쯤만 감기게 한 그의 긴 속눈썹은,
그의 잠든 눈 위로 평온하게 다시 내려앉으며
내리깔린 그 그림자 아래에서 예전처럼
침묵에 집중하거나 생각을 가리려는 듯 보였네!
그의 마지막 숨결 속 갑작스러운 말*이
반쯤 열린 입술 위에서, 아 애석하게도 여전히 맴돌고 있었고
생명이 자기 왕국을 잃어버린 그의 얼굴*은
영원한 미소로 각인된 듯했지!
그의 손은, 평소 자세를 유지하면서,
그 뻗은 손가락으로 여전히 하늘을 가리키고 있었네.
그리고 떠오르는 새벽의 부드러운 시선은
자기가 물들이는 어둠들을 차츰차츰 흩뜨리면서
먼 산봉우리 위 불 밝힌 등대처럼
아침 그림자*로 그의 죽은 이마를 빛나게 하러 왔네.
마치 비너스가 신성한 슬픔에 싸여
생명 없는 그녀의 연인에 여전히 슬퍼하러 왔다고 말할

* 마지막 숨결 속 갑작스러운 말 : '임종 직전의 단말마'를 의미.
* 생명이 자기 왕국을 잃어버린 그의 얼굴 : '죽어 가는 모습'을 가리킴.
* 아침 그림자 : 아침나절의 아직은 어둡고 희미한 햇살.

수 있겠네.

　슬픈 포이베가 자기의 창백한 빛으로
　밤에 엔디미온의 가슴을 어루만졌던 것처럼,
　또는 하늘 높은 곳에서 현자(賢者)의 행복한 영혼이
　다시 돌아와 이 지상 해안을 응시하고,
　자기*가 떠나온 육체를 멀리서 찾아오면서
　그 위에 자신의 아름다움의 빛을 비췄던 것처럼,
　마치 구름 한 점 없는 하늘에 떠 있는 별이
　물결 속에 자신의 순결한 모습이 빛나는 것을 보기 좋아하는 듯이.

　…………………………………………………………
　…………………………………………………………
　…………………………………………………………
　주위에서는 울음소리나 한숨 소리도 들리지 않았네!.
　그렇게 그는 죽었네, 만약 그게 죽는 것이었다면!

---

* 자기 : '영혼'을 가리킴.

초판본 머리말*

* 초판본의 권두에 실려 있는 편집자의 글입니다.

시가 소리의 쓸모없는 집합이 아니라면, 그것은 의심할 여지 없이 인간의 사고가 취할 수 있는 가장 숭고한 형태다. 시는, 그 대신 다른 이름을 찾을 수 없기에, 천상적이라 불린 정의할 수 없는 조화(하모니)의 그 특성을 음악에서 빌리고 있다. 음의 박자를 통해 감각에 작용하고, 감각의 고양(高揚)과 에너지로 영혼에 작용하게 되어, 시는 모든 인간을 한꺼번에 사로잡는다. 시는 인간을 매혹하고, 황홀케 하며, 취하게 한다. 시는 인간에게 신성한 본질을 고양하며, 그에게 신들의 언어라 불리게 한 무언가를 잠시라도 느끼게 한다.

시는 적어도 철학자들의 언어다, 만약에 철학이 마땅히 그래야만 하는 것, 즉 인간 사고에 부여된 가장 높은 수준의 고상함, 신격화된 이성이라면 말이다. 그러므로 형이상학과 시는 자매이거나 오히려 하나다. 그 하나는 사고에서 이상적인 아름다움이고, 다른 하나는 표현에서 이상적인 아름다움이다. 무엇 때문에 그 둘을 구분해야 하는가? 왜 한쪽은 시들게 하고 다른 한쪽은 비하해야 할까? 인간은 그것을 마음대로 버리기엔 자기 천상의 재능을 너무 많이 가지고 있는 걸까? 인간은 이 두 힘을 결합함으로써 자신의 영혼에 너무 많은 에너지를 주는 것을 두려워하는 걸까? 아아! 그는 언제나 속된 형태와 생각으로 곧 다시 떨어질 것을! 숭고한 철학, 그에 합당한 시는 수 세기에 걸친 처량한 단조로움을 아주 드물게 멈추게 하려는 신속한 계시일 뿐이다. 만물에서 아름다운 것은 이 세상에서의 일상적인 것이 아니다. 그것은 영혼이 때때로 솟아오르지만 머물지는 않는 저 다른 세계에서 온 섬광인 것이다.

이러한 성찰은 현자 중의 현자의 아름다운 가르침의 시와 형이상학을 융합하려고 시도한 이 단편 작품의 저자를 적어도 변명하는 데에 적절해 보인다. 이 작품은 소크라테스라는 이름을 갖고 있지만, 그럼에도 우리는 이미 더 진보된 철학을 느끼고 있으며, 이에 곧 꽃피우려는 기독교를 미리 맛보고 있는 것이다. 의심할 여지 없이 그 숭고한 영감을 미리 받아들일 자격이 있는 한 사람이 있다면, 그 사람은 소크라테스였다.

그는 평생 그리스도가 전복하려고 온 그 감각의 제국에 맞서 싸웠다. 그의 철학은 전적으로 종교적이었으며, 그가 자신의 철학이 영감받았다는 것을 느꼈기에 그 철학은 겸손했다. 그것은 온화했고 관대했으며, 헌신적이었다. 그것은 신의 통일성, 영혼의 불멸성을 간파했으며, 그에 대한 플라톤의 주석가들과 그의 두 숭고한 입술에서 새어 나온 몇 가지 낯선 말들을 믿어야만 한다면 그 철학은 여전히 더 많은 것을 간파했다. 인간은 자신이 갈 수 있는 데까지 나갔기에, 그에게 또 다른 큰 발걸음을 내딛게 하기 위해서는 어떤 계시가 필요했다. 소크라테스 그는 그 필요성을 느꼈고, 그것을 지적했으며, 자신의 연설, 자신의 삶 그리고 자신의 죽음을 통해 그것을 준비한 것이었다. 그는 자신의 마지막 순간에 그것을 엿볼 자격이 있었다. 한마디로 그는 영감을 받은 것이었다. 그는 우리에게 그것을 말했고 우리에게 되뇌었다. 진리에 대한 사랑으로 자신의 삶을 바친 사람의 말을 우리는 왜 거부해야 할까? 죽어 가는 소크라테스의 말만큼 가치 있는 증언들이 많이 있는 걸까? 그렇다, 의심의 여지 없이 그는 영감을 받았다. 그는 신이 때때로 부분적인 계시를 통해 준비한 그 결정적인 계시의 한 선구자였다. 진리와 지혜는 조금도 우리에게서 나오는 것이 아니라, 시대의 필요에 따라 신이 일으킨 선택된 마음속으로 하늘에서 내려오기 때문이다. 그는 그것들을 여기저기 뿌려 주었고, 우리에게 그것들에 대한 지식과 열망만을 주기 위해 한 방울 한 방울 퍼뜨렸다, 그가 우리를 그것들로 충만히 채워야 할 그 순간까지.

그가 발표한 교리의 숭고함과는 별개로, 소크라테스의 죽음은 인간들과 하늘의 시선을 끌 만한 광경이었다. 그는 자기 박해자들에 대해 증오 없이 죽어 갔고, 자기 미덕의 희생자로 진리를 위해 자신을 희생했다. 자신을 변호

할 수도 있었고, 자신을 부인할 수도 있었지만, 그는 그것을 원하지 않았다. 그렇게 하는 것은 자기 안에서 말하는 신에게 거짓말을 하는 것이었기에, 교만한 감정이 이 숭고한 헌신의 순결함과 아름다움을 변질시켰을 거라 보여 주는 어떠한 것도 없다. 플라톤이 기록한 그의 말들은 그의 삶의 한가운데에서와 마찬가지로 마지막 날에도 단순하다. 이 위대한 죽음의 순간의 엄숙함은 그의 표현에 긴장감이나 나약함을 주지 않는다. 그가 완전히 받아들이려 하는 신들의 뜻에 애정으로 순종하기에, 그의 마지막 날은 내일이 없다는 점을 제외하면 다른 날과 조금도 다르지 않다! 그는 전날 시작된 주제로 친구들과 계속 대화를 하고, 평범한 음료처럼 독약을 마신다. 그는 잠들기 위해 그랬던 것처럼, 죽기 위해 눕는다, 신들은 이전에도, 이후에도, 어느 곳에나 존재하고, 자기는 그들 품에서 깨어날 거라 확신했기에!

시인은 잘 알려진 판결의 세부 사항들이나 소크라테스와 그의 친구들의 긴 논제들로 자신의 노래[시]를 중단하지 않고, 철학자의 마지막 시간과 마지막 말, 또는 적어도 그[시인]가 그의[소크라테스] 말이라고 가정하는 말만을 노래했다. 우리도 그[시인]를 따를 것이며 따라서 우리는 독자들에게 단순히 그 전경(前景)만 상기시키는 데 그칠

것이다.

소크라테스는 자신의 종교적 견해로 사형 선고를 받아, 며칠 전부터 죽음을 기다리고 있었다. 그러나 그는 테세우스를 기리기 위해 매년 델로스로 보낸 배가 아테네 항구*로 돌아오게 될 때까지 독을 마시면 안 되었다. 바로 이 배를 "테오리아"라고 불렀고, 이 시가 시작되는 시점에 멀리서 알아보게 된 배다.

"11인단의 종복(從僕)"은 형 집행을 기다리는 동안 죄수들 시중을 들기 위해 배정된 이 법정의 노예였다.* 이 단편 작품은 작가가 작성한 대로, 특이한 형태에 길이가 같지 않은 시절(詩節)들로 인쇄됐는데, 각 구절 다음에는 의미의 중단을 나타내는 줄을 배치했으며, 저자는 종종 한 사고(思考)에서 다른 사고로 중간 단계 없이 일거에 넘어가기도 한다.

플라톤에게서 모두 가져온 주석들에 대해서 우리는 쿠쟁 씨*의 훌륭한 플라톤 번역을 사용할 것이다. 이 젊은

---

* 정확히는 아테네 서쪽에 있는 항구 도시 피레우스.

* 프랑스어 'Le Serviteur des Onze'는 '11인단의 종복(하인)'이라는 뜻으로 이때 11인은 고대 그리스에서 옥중 형벌 집행을 감독하는 아테네의 사법관들을 지칭.

철학자는 그런 거장을 해석할 만한 자격이 있기에, 우리 세기를 그 수치스럽고 타락한 궤변들로 얼굴 붉히게 만들기 위해, 가장 고귀한 영성주의 이론들로 우리 세기 자체를 상기시킨 후, 그 모든 은총과 아름다움 속에서 고대의 지혜를 우리 세기에 드러내려는 탁월한 생각을 가지고 있다. 우리 시대 철학이 여전히 물질주의의 찌든 때로 완전히 더럽혀졌다고 생각한 그는 소크라테스를 보여 주며 우리 시대 철학에 이렇게 말하고 있는 것 같다. "이것이 지금의 너고, 이것이 바로 예전의 너였다!" 그가 자신의 훌륭한 작품을 완성함으로써 칸트와 그의 몇몇 제자들이 가두었던 구름에서 철학을 해방하게 하여, 마침내 그가 기독교의 순수한 빛으로 철학이 아주 눈부시게 우리에게 나타나게 하기를 기대해 보자.

* Victor Cousin, Œuvres complètes de Platon, Chez BOSSANGE frères, et chez LADVOCAT, 1822~1840.

라마르틴의 시 세계
— 자연과 사색 그리고 자아와 이상*

* 프랑스 낭만주의와 라마르틴의 문학 세계 전반을 이해하는 데 도움을 주기 위해 옮긴이가 집필한 글입니다.

라마르틴(Alphonse de Lamartine, 1790~1869)은 19세기 프랑스 낭만주의 문학을 대표하는 선구자로, 독창적인 문학적 사유와 기법을 보여 주는 작품으로 문학사에 깊은 흔적을 남긴 시인이다. 그는 단순히 낭만주의의 전형적인 특성을 따르는 것을 넘어, 시대를 초월하는 고유의 문학 세계를 구축하며, 당대의 문학적 경향을 새롭게 정의하고 확장하는 데 기여했다. 그의 문학은 인간 존재와 내면의 복잡성을 깊이 있게 탐구하고, 이를 감정적 표현과 철학적 성찰로 풀어내는 데 중점을 두었다. 라마르틴은 인간의 삶과 그 본질을 다각도로 조명하며, 독자들에게 인간과 자연, 그리고 삶과 죽음 같은 보편적 주제에 대해 성찰하도록 이끌었다. 특히 그의 작품들은 단순한 미학적 감상이나 감정 표현에 머무르지 않고, 인간의 존재와 그 의미를 더욱 깊이 있게 탐구하는 장으로 작용한다. 이러한 특성은 그의 문학이 당시의 흐름에 머무르지 않고, 오늘날에도 중요한 의의가 있게 하는 요인이 되었다.

라마르틴의 작품은 사랑, 고통, 죽음, 시간, 그리고 인간과 자연의 관계를 주제로 삼아, 그 안에 담긴 인간적 고민과 사색을 섬세히 드러낸다. 그는 자연을 단순한 배경으로 묘사하는 것을 넘어 인간 감정의 반영이자 존재의 본질을 투영하는 중요한 매개체로 활용했다. 자연은 그의 문학에서 인간 내면의 감정과 철학적 탐구를 연결하는 다리 역할을 하며, 인간과 자연, 그리고 존재의 의미를 유기적으로 엮어 내는 주요한 요소로 자리 잡았다. 라마르틴은 이러한 문학적 접근을 통해 단순히 자연의 아름다움을 찬미하는 데 그치지 않고, 자연을 통해 인간 존재의 복잡성과 그 이면의 본질적 의미를 탐구했다. 또한 그의 문학은 독자들에게 단순히 감정적 반응을 불러일으키는 것을 넘어, 심오한 인식론적 질문을 던지며 사유를 유도한다. 이렇게 라마르틴은 인간의 내면세계를 심층적으로 탐구하며, 인간 감정과 그에 대한 근본적 성찰을 조화롭게 결합하여 문학에 새로운 가능성을 제시했다. 그의 작품에서 다루어진 주제들은 시대를 초월하는 보편성을 지니며, 오늘날에도 인간과 자연, 그리고 존재의 본질을 성찰하는 데 귀중한 가치를 제공한다. 이러한 점에서 라마르틴의 문학은 단순히 19세기 유럽과 프랑스의 낭만주의의 산물이 아니라, 인간의 존재와 그 의미를 끊임없이 질문하는 과정으로 볼 수 있다. 그의 작품 세계는 문학적 경계를 넘어서, 철학적, 심미적, 그리고 사회적 맥락에서 독창적이고도 지속적인 영향을 미치고 있다.

라마르틴과 낭만주의

낭만주의는 18세기 말에서 19세기 초에 걸쳐 유럽에서 나타난 문학 및 예술 운동으로, 그 이전의 계몽주의와 고전주의가 제시한 규범과 전통에서 벗어나 인간의 감정과 상상력을 중심으로 한 새로운 표현 방식을 추구했다. 이 운동은 산업혁명과 프랑스 혁명이라는 급격한 사회적 변화와 그로 인한 사회적 불안정성 속에서 인간 존재의 복잡성과 감정의 복합성을 탐구하려는 욕구에서 비롯되었다. 계몽주의는 이성과 논리를 중시하며 인간의 사고를 규명하려 했지만, 이러한 사고방식은 인간 감정이나 상상력과 같은 내면적인 요소를 간과한 채 과학적이고 이성적인 이해에만 집중했다. 반면 고전주의는 규범적 형식을 중시하며, 예술과 문학에서 완벽한 형태와 균형을 추구했다. 그러나 낭만주의는 이러한 전통적 규범을 넘어서는 방향으로 나아갔으며, 감정의 자유로운 표현과 상상력의 중요성을 강조하였다. 이에 따라 낭만주의는 상상력, 감성, 자연과의 교감을 통해 인간 존재의 복잡성과 심오함을 탐구하려 하였으며, 이러한 접근 방식은 감정의 직접적인 표현과 개인적 자유의 탐색을 통해 드러났다. 낭만주의 문학은 단순히 외부 현실을 반영하는 것을 넘어, 인간의 감정과 내면세계를 탐구하며 자연을 신비롭고 신성한 존재로 묘사했다.

낭만주의 문학은 이렇게 인간 내면의 감정을 탐구하며, 사회적 제약과 기존 규범에 대한 반발을 나타낸다. 이와 관련된 대표적인 예로, 영국의 블레이크(William Blake, 1757~1827)는 《순수와 경험의 노래(Songs of Innocence and Experience)》라는 시집을 통해 순수한 감성과 사회적 현실을 대비시키며 인간의 본질에 대한 깊은 질문을 던졌다. 블레이크의 작품은 인간 존재의 근본적인 고민을 탐구하며, 그 감성적이고 자유로운 표현은 낭만주의 문학의 특징을 잘 보여 준다. 또 바이런(George Gordon Byron, 1788~1824)은 《차일드 해럴드의 순례(Childe Harold's Pilgrimage)》(1812)에서 인간 존재의 고독과 내면적 갈등을 강조하면서 낭만주의 문학의 특성을 잘 드러냈다. 바이런의 시는 감정의 자유로운 흐름을 통해 인간의 내면세계와 그가 마주하는 세계의 관계를 탐구하며, 그 안에서 자아를 찾으려는 열망을 보여 준다. 이와 같은 시도들은 낭만주의 문학에서 감정과 상상력의 중요성을 명확히 하고 있다. 동시에 낭만주의는 자연을 단순히 배경으로 사용하는 것이 아니라, 인간 내면의 감정을 표현하는 중요한 매개체로 삼았다. 독일의 괴테(Johann Wolfgang von Goethe,

1749~1832)는 《젊은 베르테르의 슬픔(Die Leiden des jungen Werthers)》(1774)에서 주인공 베르테르의 비극적인 사랑을 중심으로, 인간 감정의 복잡성과 절망적인 상태를 감정의 굴곡과 폭발 그리고 그로 인한 고통을 강조하며, 인간 존재의 비극성과 고독을 그리고 있다. 동시에 괴테 또한 자연을 신비롭고 감성적인 세계로 묘사하며, 자연과 인간 감정 사이의 깊은 연결을 강조하는 낭만주의 경향에 따라 그의 작품에서 자연은 베르테르의 감정 상태를 반영하는 중요한 배경으로 등장하며 그의 감정의 흐름에 따라 자연의 모습도 변화한다.

18세기 후반 영국과 독일을 중심으로 한 이러한 낭만주의 경향에 영향을 받은 프랑스에서는 전기 낭만주의 작가 샤토브리앙(François-René de Chateaubriand, 1768~1848)과 마담 드 스탈(Madame de Staël, 1766~1817)에 이어 라마르틴은 프랑스 문학에서 본격적으로 감성적이고 개인적인 세계를 탐구한 낭만주의 선구자로 당시의 문학 경향을 확립해 나갔다. 그는 낭만주의 문학을 단지 감정의 자유로운 표현에 그치지 않고, 인간의 감정, 특히 고통과 상실을 철학적이고 심오하게 탐구하는 영역으로 확장해 나갔다. 라마르틴의 문학에서 가장 중요한 특징 중 하나는 자연을 부차적인 문학적 요소나 서술적 장치로 그리지 않았다는 점이다. 라마르틴의 작품에서 자연은 인간 감정의 깊은 반영 대상으로 등장하며, 이는 낭만주의 문학이 지닌 기법을 잘 보여 준다. 예를 들어 《명상 시집(Méditations poétiques)》(1820)에서 라마르틴은 자연을 인간의 감정 상태와 연결해, 그것을 신성한 존재로 승화시키는 독특한 방식으로 묘사한다. 그가 자연을 신성하게 묘사하는 이런 시각은 인간의 감정과 자연을 동일선상에서 다루고 있다는 것을 의미하고 있다.

그의 대표 작품인 〈호수(Le Lac)〉에서 자연은 인간 감정의 상징적인 거울로 등장한다. 이 작품에서 라마르틴은 호수를 단지 물리적 존재로 묘사하지 않고, 그것을 사랑과 상실, 시간의 흐름을 반영하는 중요한 매개체로 사용한다. 라마르틴은 자연을 통해 감정의 복잡함을 탐구하며, 자연을 인물의 내면적 갈등을 표현하는 중요한 요소로 삼는다. 이 작품에서 그는 사랑했던 사람의 상실을 자연을 통해 그리며, 그 상실이 시간이 지나도 여전히 고통으로 남아 있다는 사실을 드러낸다. 또한, 〈호수〉에서 라마르틴은 사랑의 상실을 초월하려는 욕망과 그것을 극복하려는 자연과의 대화를 통해 감정의 본질에 대한 통찰을 제시한다.

라마르틴의 문학은 당시 문학적 규범을 뛰어넘어 인간

내면의 복잡성과 자연, 감정 사이의 관계를 탐구하는 방향으로 나아갔다. 그는 감정을 외부에 대한 단순한 반응으로 표현하는 것이 아니라, 그 감정이 인간 존재와 어떻게 연결되는지를 철학적으로 사고했다. 라마르틴의 작품에서 자연은 인간 감정의 신비로운 반영이자, 인간과 신성한 세계 사이를 연결하는 중요한 역할을 한다. 이와 같은 접근 방식으로 자연과 인간 감정 사이의 관계를 탐구한 라마르틴의 시 세계는, 그가 낭만주의 문학을 통해 발전시킨 중요한 기법으로 동시대의 낭만주의 작가들뿐만 아니라 후대 작가들에게도 깊은 영향을 주게 된다. 가령, 라마르틴의 문학에서 자연이 이렇게 인간 감정과 신성한 존재 사이의 연결고리 역할을 하게 되는 것은 낭만주의 문학에서 자연의 역할에 대한 새로운 시각을 제시한 사례이며 이후 문학 세계의 자연관에 큰 영감을 주게 되기도 하는 것이다.

한편으로, 라마르틴은 이렇게 감정과 자연의 관계를 탐구하는 동시에 더 나아가 시 세계에서 인간 감정의 내적 복잡성을 이전 어떤 시인들보다 분명히 드러내면서 그것이 인간 존재의 본질과 어떻게 연결되는지를 보여 주기도 한다. 그는 감정을 단순하게 묘사하는 데 그치지 않고, 그 감정이 인간 존재와 어떤 방식으로 상호작용하는지, 그리고 그 감정이 어떻게 인간 내면의 심오한 부분에 영향을 미치는지를 심도 있게 그려내고 있다. 그의 문학에서 감정은 인간의 존재를 이해하는 중요한 열쇠로 작용하며, 라마르틴은 이를 통해 독자들에게 인간 존재와 감정의 관계를 새로운 방식으로 이해할 기회를 제공했다. 이런 점에서 라마르틴의 작품은 낭만주의 문학의 주요 특징인 자연과 인간 감정, 그리고 인간 본질 사이의 연관성과 내적 관계를 탐구하며, 그가 자연을 이상화하고 감정적으로 상호작용하는 방식을 잘 드러낸다.

자연의 '신성화'

라마르틴의 독창적인 문학적 특징 중 하나는 자연을 단순히 배경으로 다루는 것을 넘어, 이를 신성한 존재로 승화시키고 인간 감정의 복잡한 심리를 투영하는 대상으로 삼았다는 점이다. 그는 자연을 단순한 외적 요소로 묘사하는 데 그치지 않고, 그것을 인간 내면의 정서적 갈등과 철학적 성찰을 반영하는 중요한 매개체로 활용했다. 라마르틴의 작품에서 자연은 단순히 아름다운 경치를 제공하는 배경이 아니라, 인간 감정의 복잡성을 상징적으로 드러내는 중요한 도구로 기능한다. 예를 들어, 그의 대표작 〈호수〉에서는 자연이 단순한 물리적 풍경을 넘어 사랑의 상실과 시간의 흐름이라는 심오한 주제를 탐구하는 매개체로 등장한다. 호수는 사랑의 부재에서 오는 고통과 시간이 흘러도 지워지지 않는 감정을 상징하며, 라마르틴은 자연을 통해 이러한 인간적 경험을 철저히 탐구하고자 했다. 이 시에서 라마르틴은 자연을 이용해 사랑의 상실이라는 감정을 생생히 드러낸다. 작품 속 호수는 물리적인 풍경에 국한되지 않고, 시인의 내면세계를 반영하는 중요한 상징으로 작용한다. 호수의 잔잔하고 영속적인 특성은 시간의 흐름과 대비되며, 사랑의 부재로 인한 고통을 더욱 부각한다. 라마르틴은 연인을 잃은 후에도 남아 있는 슬픔과 아련한 기억을 호수의 모습에 투영함으로써, 인간 감정의 복잡성을 섬세히 드러낸다. 호수는 단순히 아름다움과 평온함을 상징하는 것이 아니라, 사라져 버린 사랑의 아픔과 시간이 지날수록 더욱 깊어지는 상실감을 상징하는 역할을 한다. 이러한 상징은 시간의 흐름과 함께 변화하는 자연을 통해 더욱 강렬하게 표현되며, 라마르틴의 문학적 의도를 효과적으로 드러낸다.

라마르틴은 자연을 인간 감정의 반영이자 해석의 도구로 보며, 이를 통해 감정의 복잡성과 내면의 갈등을 탐구했다. 그는 자연을 신성화함으로써 자연을 단순한 배경을 넘어 인간 감정과 긴밀히 연결된 상징으로 승화시켰다. 이러한 접근은 '자연 신학(Natural Theology)'에서 나타나는 자연의 신성화와 유사한 측면을 가진다. 자연 신학은 초자연적 계시 없이 자연 세계와 이성을 통해 신의 존재를 이해하려는 철학적 접근으로, 자연을 신성한 차원에서 해석한다. 라마르틴 또한 자연을 물리적 환경에 그치는 것이 아니라, 인간 감정과 신성과 연결된 중요한 매개체로 삼았다. 그의 작품에서 자연은 인간 내면의 복잡한 감정을 반영하며, 인간과 신성의 관계를 탐구하는 데 중요한 역할을 한다.

라마르틴의 작품은 자연을 신성한 존재로 승화시키는 과정을 통해 인간 감정과 신성의 관계를 탐구한다. 그는 자연을 통해 인간 내면의 감정을 표현하고, 이를 바탕으로 인간 존재의 본질에 대한 철학적 성찰을 시도했다. 예를 들어, 〈호수〉에서는 자연의 영속성과 고요함이 시간의 유한성과 인간 감정의 변화와 대비되면서 사랑의 상실을 초월하려는 욕망과 그 한계를 드러낸다. 라마르틴은 자연을 인간 감정의 고통과 내면의 갈등을 외적으로 표현하는 도구로 사용하며, 그 고통이 시간이 지나도 사라지지 않는 인간의 감정적 특성을 강조한다. 이는 단순히 감정을 표현하는 것을 넘어서, 인간 존재의 본질과 그 한계를 심도 깊게 탐구하려는 그의 문학적 시도를 보여 준다. 라마르틴이 자연을 신성한 존재로 승화시키는 과정은 단순히 문학적 장치에 그치지 않는다. 그는 자연을 통해 인간 감정의 복잡성을 드러내고, 이를 바탕으로 인간과 신성의 연결고리를 탐구한다. 그의 접근법은 자연을 물리적 배경으로만 보는 전통적인 관점을 넘어서, 자연과 인간 감정의 상호작용을 중심에 둔다. 이러한 접근은 인간 존재의 복잡성을 이해하는 데 자연의 역할을 새롭게 정의하며, 낭만주의 문학에서 중요한 전환점을 제공한다. 라마르틴은 자연을 감정의 복잡성을 비추는 거울이자, 인간 존재와 신성 사이를 연결하는 매개체로 활용하며, 이를 통해 독자들에게 감정의 본질과 인간 존재에 대한 통찰을 제공한다.

또 라마르틴의 문학은 단순히 인간 감정을 묘사하는 데 그치지 않고, 그 감정이 인간 존재와 어떻게 연결되는지를 탐구하며 독자들에게 깊은 철학적 질문을 던진다. 그는 감정을 통해 인간 내면의 갈등을 드러내고, 그 갈등이 인간 존재에 어떤 영향을 미치는지 섬세하게 분석한다. 이러한 시도는 자연과 감정 사이의 밀접한 관계를 탐구하고, 그것이 인간 존재에 어떤 의미를 갖는지 깊이 성찰하는 데서 시작된다. 라마르틴은 자연과 감정의 교차점을 문학의 핵심으로 삼으며, 낭만주의 문학의 새로운 방향성을 제시했다. 그의 작품은 자연과 감정, 인간 존재, 그리고 신성 사이의 관계를 심층적으로 탐구하며, 이를 통해 후대 문학에 지대한 영향을 미쳤다. 결국 라마르틴의 문학은 자연과 인간 감정의 상호작용을 통해 인간 존재의 본질과 감정의 복잡성을 탐구하려는 시도를 보여 준다. 그는 자연을 단순한 배경이 아닌, 인간 감정의 복잡성과 시간의 흐름을 반영하는 상징적 존재로 승화시켰다. 이러한 과정에서 자연은 감정의 깊이를 드러내는 동시에 인간 존재와 신성을 연결하는 역할을 한다. 라마르틴의 문학은 단순히 감정적인 묘사에 그치지 않고, 인간과 자연, 신성의 상호작용을 탐구하며 인간 존재의 본질을 재조명하는 중요한 문학적 유산으로 남아 있다. 낭만주의 문학에서 자연의 새로운 역할과 가치를 드러낸 그의 작품은 오늘날에도 여전히 독자들에게 인간 존재에 대한 깊은 통찰을 제공한다.

내면세계와 감정의 탐구

라마르틴의 문학에서 가장 중요한 특징 중 하나는 인

간 내면의 복잡성을 탐구하고 감정의 깊이를 자세히 분석하는 데 있다. 그는 감정을 단순히 외적 사건의 결과로 바라보는 전통적인 관점을 넘어서, 이를 인간 존재를 정의하는 핵심 요소로 보았다. 그의 문학은 단순히 외부 세계의 아름다움이나 사건을 묘사하는 데 그치지 않고, 인간 내면에서 일어나는 감정의 섬세하고 다층적인 흐름을 표현하며 독자에게 인간 삶의 본질적인 질문을 던진다. 라마르틴은 감정이 인간 존재와 삶의 핵심을 형성한다고 믿었으며, 이를 통해 인간의 내면과 외부 세계가 어떻게 상호작용하는지 깊이 있게 탐구했다.

특히, 그의 대표작 《명상 시집》은 이러한 라마르틴의 문학적 접근 방식을 잘 보여 주는 작품으로 평가받는다. 이 시집에서 그는 사랑, 상실, 죽음, 시간의 흐름, 자연의 신비와 같은 주제를 중심으로 인간 존재의 복잡성을 탐구한다. 그는 감정을 단순히 표현하는 데서 멈추지 않고, 그 감정이 인간 존재와 어떻게 연관되어 있는지를 성찰했다. 예를 들어 사랑과 상실에 대한 그의 표현은 단순히 개인적인 경험의 차원을 넘어, 모든 인간이 공감할 수 있는 보편적인 문제로 확장된다. 라마르틴은 사랑의 아픔과 그것이 남기는 흔적을 통해 인간 존재의 유한성과 그 의미를 탐구하며, 이를 철학적이고 문학적으로 깊이 있는 방식으로 제시했다. 위에서 언급한 시 〈호수〉 또한 이런 문학적 특징을 잘 보여 주는 작품으로, 사랑의 상실과 시간의 흐름에 따른 감정의 변화를 섬세하게 묘사한다. 그는 이 작품에서 호수를 단순한 물리적 배경으로 사용하지 않고, 인간 감정의 깊이를 반영하는 상징적인 매개체로 활용한다. 호수는 시간의 흐름과 감정의 변화를 나타내는 중요한 상징으로, 고요하고 영속적인 물리적 존재가 인간 감정의 유한성과 대비되면서 독자에게 감정의 본질과 시간의 관계를 성찰하게 한다. 사랑의 상실은 시간이 지나도 여전히 고통으로 남으며, 이는 단순한 개인적 경험을 넘어 인간의 보편적인 감정적 경험으로 자리 잡는다. 라마르틴은 자연을 통해 이러한 감정적 고통과 상실의 의미를 탐구하며, 인간 존재의 본질을 드러내는 데 성공한다.

라마르틴의 문학에서 자연은 단순한 묘사적 도구나 배경으로 존재하지 않는다. 오히려 자연은 인간 감정을 반영하고 감정의 본질을 철학적으로 탐구하는 매개체로 작용한다. 그는 자연과의 교감을 통해 인간 감정의 복잡성을 극복하거나 이해하려는 노력을 작품에 담았다. 자연은 고통을 감추는 도피처가 아니라, 감정의 진실을 드러내고 그것이 인간 존재와 어떻게 연결되는지 탐구하는 데 중요한 역할을 한다. 호수가 사랑과 상실, 시간의 흐름을 상징하며, 인간 감정의 깊이를 철학적으로 성찰하는 장치로 사용됨으로써, 자연은 인간 감정의 거울이자, 그 감정을 초월할 가능성을 상징적으로 제시하는 도구가 된다. 그의 문학적 접근은 이렇게 단순히 감정을 묘사하거나 외부 세계를 관찰하는 데 그치지 않았다. 라마르틴은 감정을 인간 존재의 본질적인 문제로 여겼으며, 이를 통해 철학적이고 신성한 질문들을 던졌다. 그는 감정을 인간 경험의 핵심으로 간주하고, 그것이 인간 존재와 어떻게 연결되는지 탐구하며, 이를 통해 독자들에게 감정의 깊이와 인간 삶의 의미를 되새기게 한다. 이러한 접근은 단순히 감정의 외적 표현을 넘어, 감정의 근원을 탐구하고 인간 존재에 대해 보다 심오한 통찰을 제공하는 데 기여했다.

라마르틴의 문학은 사랑, 상실, 고통, 죽음 등 인간이 경험하는 감정의 여러 층위를 다룬다. 그의 시에서 감정은 단지 일시적인 상태나 사건에 대한 반응으로 그치지 않으며, 인간 존재의 본질을 드러내는 중요한 도구로 작용한다. 그는 감정을 철학적 사유와 결합하여 인간 존재를 정의하고자 했으며, 이를 통해 낭만주의 문학을 새로운 차원으로 끌어올렸다. 라마르틴은 감정과 철학을 융합하는 독창적인 문학적 기법을 통해, 단순한 감정의 묘사나 개인적 경험을 넘어서는 작품을 만들어 냈다. 그의 작품에서 사랑은 단순히 감정의 표현을 넘어 인간 삶의 의미와 깊이를 성찰하는 주제로 자리 잡는다. 그의 시 세계에서는 사랑의 상실과 시간이 지나면서도 지속되는 고통이 묘사되며, 이 감정이 단지 개인의 경험에 국한되지 않고 모든 인간이 공감할 수 있는 보편적 문제로 확장된다. 자연의 영속성과 인간 감정의 덧없음은 상반되면서도 서로를 보완하며, 라마르틴은 이를 통해 감정의 복잡성과 시간의 흐름에 따른 변화를 독자들에게 설득력 있게 전달한다. 동시에 라마르틴은 감정을 단순히 표현하거나 묘사하는 것에서 그치지 않고, 그 감정을 철학적으로 분석하고 탐구하며 그것이 인간 존재와 어떻게 연결되는지를 보여 준다. 그의 작품은 독자들에게 감정이 단순한 외적 사건의 결과가 아니라, 인간 존재의 본질을 탐구하는 중요한 열쇠임을 깨닫게 한다. 이러한 문학적 접근은 라마르틴을 단순한 낭만주의 시인이 아니라, 감정과 철학을 결합하여 인간 존재를 심도 있게 탐구한 선구자로 자리매김하게 했다.

라마르틴의 시는 감정과 인간 존재의 본질을 깊이 탐구하며 독자들에게 감정이 인간 삶에서 얼마나 중요한 역할을 하는지에 대한 새로운 통찰을 제공한다. 그의 작품은 단순히 감정의 아름다움이나 슬픔을 묘사하는 데서 그치지 않고, 감정이 인간 존재의 핵심적이고 본질적인 문제와 어떻게 연결되는지를 철저히 탐구한다. 라마르틴은 이러한 탐구를 통해 낭만주의 문학의 경계를 확장했으며, 그의 시는 독자들에게 감정과 내면세계의 복잡성과 심오함을 재조명하는 기회를 제공한다. 그의 문학은 감정의 단순한 외적 묘사를 넘어, 인간 존재의 본질과 그것이 가지는 철학적 의미를 탐구하는 중요한 도구로 감정을 사용했다. 라마르틴의 작품은 독자들에게 인간 삶의 본질적 질문을 던지며, 감정과 인간 존재가 어떻게 상호작용하고 연결되는지를 새롭게 이해할 수 있는 기회를 열어 준다.

인간에 대한 철학적 사유

라마르틴의 문학적 성취는 감정의 표현을 넘어서, 인간 존재에 대한 철학적 질문을 던지며, 그에 대한 깊이 있는 탐구를 진행한 점에서 독특하다. 그는 단순히 인간 감정의 흐름을 묘사하는 것에 그치지 않고, 그 감정들이 인간 존재의 근본적인 문제와 어떻게 연결되는지를 탐구하였다. 이러한 탐구는 삶과 죽음, 시간과 영원성, 인간 존재의 본질과 관련된 심오한 질문들로 이어지며, 라마르틴의 작품에서 중요한 철학적 기틀을 형성했다. 그는 특히 인간이 겪는 고통, 상실, 죽음과 같은 감정적 갈등을 통해, 이들 감정이 어떻게 인간 존재의 근본적인 문제와 맞닿아 있는지를 깊이 성찰하였다. 라마르틴은 이러한 철학적 사유를 단순히 이론적인 고찰로만 그치지 않고, 문학적 상상력과 감정의 깊이를 통해 풀어낸 실존적인 탐구로 발전시켰다. 그가 다룬 주제는 단지 추상적인 개념이나 철학적인 담론을 넘어서, 인간 삶의 깊은 의미를 추구하는 과정을 드러낸다. 예를 들어, 〈소크라테스의 죽음(La mort de Socrate)〉(1823)에서 그는 죽음을 단순한 생명의 끝으로 보지 않고, 그것을 더 높은 차원으로의 전환, 즉 인간 존재의 한 단계에서 다른 차원의 존재로 넘어가는 과정으로 묘사한다. 라마르틴은 고대 그리스 철학의 중요한 인물인 소크라테스의 죽음에서 철학적 성찰을 구체적으로 탐구하며, 죽음의 의미와 인간 존재의 연결 가능성에 대해 깊이 있는 질문을 던진다.

〈소크라테스의 죽음〉에서 시인은 소크라테스가 죽음을 두려워하지 않고, 그것을 영원한 진리를 향한 여정으로 받아들이는 모습을 그리고 있다. 소크라테스는 죽음이라는 현실 앞에서 두려움 없이, 죽음이 단순히 개인의 종말이 아니라, 인간 존재의 궁극적인 의미를 발견하는 중요한 과정임을 깨달았다. 그는 죽음을 자연의 순리에 따라 신의 뜻과 일치하는 현상으로 이해하였다. 라마르틴은 이 점을 통해 죽음을 단순한 끝이 아닌, 인간이 추구해야 할 진리로 향하는 통로로 제시하고 있다. 이 작품은 라마르틴이 죽음에 대한 고통을 철학적 성찰을 통해 풀어내는 방식으로, 단지 개인적인 죽음을 넘어서서 인간 존재의 의미와 영혼의 불멸성에 관한 질문을 던지며 독자들에게 철학적 통찰을 제공한다. 그의 철학적 사유와 관점도 분명히 드러나고 있다. 그는 소크라테스가 죽음을 받아들이는 태도를 통해 인간 존재와 죽음에 대한 새로운 시각을 제시한다. 소크라테스는 죽음을 자연의 흐름으로 보고, 그것을 신성한 질서와 맞닿아 있는 하나로 이해하며, 죽음을 인류의 진리로 나아가는 길로서 받아들였다. 라마르틴은 이 점을 통해 인간이 죽음을 어떻게 받아들여야 하는지에 대한 중요한 질문을 제기하며, 죽음의 의미를 단순한 종말로 한정하지 않고, 그것이 인류와 인간 영혼에 대해 어떤 깊은 의미가 있을 수 있는지를 탐구한다. 그의 문학적 접근은 죽음을 자연적인 현상으로 받아들이는 차원을 넘어, 인간 존재의 궁극적인 목적과 진리 추구의 과정으로 의미를 확장하고 있는 것이다.

　라마르틴의 작품에서 죽음은 결코 단순히 생명의 종료를 의미하지 않는다. 그는 죽음을 인간 존재의 변화를 상징하는 중요한 과정으로 다루며, 이 과정에서 인간 영혼의 성장과 진화, 그리고 그것이 신성과 어떻게 연결될 수 있는지를 탐구한다. 라마르틴은 죽음을 단순히 두려운 존재로 묘사하지 않고, 그것을 하나의 중요한 전환점으로 여긴다. 〈소크라테스의 죽음〉에서 시인은 죽음을 영원한 진리와의 연결을 위한 통로로 해석하며, 인간 존재가 이 과정을 통해 진정한 의미를 발견할 수 있다는 메시지를 전달한다. 이처럼 라마르틴은 문학을 통해 감정의 표현을 넘어서, 인간 존재와 그 철학적 의미에 대해 깊은 통찰을 제공하고자 했다.

이런 의미에서 라마르틴의 문학은 인간 존재의 의미에 대한 탐구로 이어지며, 죽음과 삶, 존재의 본질을 질문하는 중요한 사유의 장을 마련하였다. 〈소크라테스의 죽음〉이 보여 주듯 죽음을 단순히 두려운 종말로 묘사하는 것이 아니라, 그것이 인간이 영원한 진리와 신성에 가까워지는 필연적인 과정임을 설파하며, 독자에게 죽음에 대한 새로운 인식을 선사하고 있다. 이로써 라마르틴은 인간 존재의 궁극적인 목적을 질문하고, 인간이 어떻게 죽음을 받아들이며, 그것을 삶의 의미를 찾는 과정으로 이해해야 하는지에 대한 철학적 성찰을 깊이 있게 펼친다.

그는 죽음이라는 주제를 통해 인간 존재의 한계를 탐

구하는 한편, 그것을 넘어서는 신성한 존재와의 연결 가능성에 대해 성찰하고 있다. 그가 죽음을 단지 생명의 종료가 아닌 존재의 고유한 변화와 성장으로 여긴 것은, 그가 지닌 신앙과 철학적 사유의 중요한 부분을 반영한다 할 것이다. 앞에서도 언급했듯 그의 문학적 접근은 감정적이고 철학적인 깊이를 결합하여, 인간 존재의 복잡성을 탐구하고 그 안에서 신성과의 교감을 모색하는 데 중요한 기여를 했다. 다시 말하면, 시인은 감정과 철학, 신앙을 엮어 내는 독창적인 방식으로 낭만주의 문학에서 중요한 기여를 하였으며, 그가 던진 인간 존재에 대한 철학적 질문은 오늘날까지도 큰 영향을 미친다. 라마르틴의 문학에서 죽음, 시간, 존재와 같은 주제는 단순히 고통의 표출이 아니라, 그 너머에 존재하는 의미와 진리로 나아가기 위한 중요한 탐구로 전개된다. 그는 죽음을 인간 존재의 중요한 전환점으로 보고, 그 과정에서 인간 영혼의 불멸성과 신성과의 교감 가능성에 대해 성찰했다. 이러한 철학적 사유는 라마르틴의 문학을 더 깊고 풍부한 의미를 가진 작품들로 만들었으며, 독자들에게 인간 존재의 본질과 죽음 이후의 삶에 대한 중요한 질문을 던지는 계기를 마련하였다.

종교적 세계관과 문학적 탐구

라마르틴의 종교적 세계관은 그의 시 세계 전반에 걸쳐 명확히 드러나는데, 대표적으로 시집《시적 종교적 조화(Harmonies poétiques et religieuses)》(1830)는 시인의 신앙적 성찰과 철학적 탐구를 결합하여 인간 존재의 영적 여정을 그려낸 대표적인 작품이다. 이 시집에서 라마르틴은 자연과 인간, 신성과 영혼의 관계를 깊이 탐구하며, 인간이 세속적 제약을 넘어서 신성과 연결되는 과정을 다룬다. 이 시집에서도 시인은 자연을 단순히 물리적 공간으로 묘사하지 않고, 신성의 현현으로 간주하며, 인간이 자연을 통해 신과 교감할 가능성을 탐구한다. 예를 들면 시〈그리스도 찬가(L'Hymne au Christ)〉에서 라마르틴은 그리스도의 삶과 죽음, 그리고 부활을 통해 인간 존재가 세속적 고통을 초월하고 영원한 진리와 구원에 도달할 수 있는 길을 제시한다. 그리스도를 단순한 신앙의 상징으로 다루는 데 그치지 않고, 인간과 신성이 교감하는 매개체로 형상화하며, 이를 통해 인간이 신성과 교감하고 영적 변화를 이룰 가능성을 노래하면서 시인은 그리스도의 희생과 사랑을 인간이 따를 수 있는 구원의 모델로 묘사한다. 그런 점에서 이 작품은 단순히 종교적 교훈을 전달하는 것을 넘어, 인간 존재와 신성의 관계를 탐구하며, 이를 통해 인간이 고통을 초월하여 영원한 진리에 도달할 수 있는 길을 시적으로 시인이 형상화했다 할 수 있다. 그리스도가 인류를 위한 희생을 통해 어떻게 고통의 의미를 새롭게 정의했는지를 설명하며, 이를 인간이 세속적 고통을 초월하고 신과의 관계를 회복하는 모델로 삼는다. 이 과정에서 라마르틴은 인간이 자신의 한계와 고통을 인정하면서도, 이를 초월하여 신성한 진리와 구원에 도달할 수 있다는 점을 강조한다. 라마르틴은 또한 인간 감정과 종교적 신념의 관계를 탐구하며, 이를 통해 인간 존재와 신성 간의 깊은 교감을 시적으로 표현한다. 그의 문학에서는 인간의 고통과 상실이 단순히 부정적인 경험으로 묘사되지 않고, 신성에 가까워지는 과정의 일부로 다뤄진다. 그는 고통과 상실을 인간 존재의 영적 성장과 진화를 위한 필연적인 단계로 보며, 이를 통해 인간이 신성과 더욱 가까워질 수 있다는 점을 강조한다. 이는 라마르틴이 문학을 통해 제시한 중요한 신앙적 메시지로, 인간 존재의 궁극적 목적이 신성과의 교감을 통해 이루어진다는 그의 신념을 보여 준다.

라마르틴의 이러한 종교관은 그의 문학적 사고와 밀접하게 연결되어 있으며, 이 두 요소는 서로를 보완하고 확장하는 관계에 있다. 그는 인간이 단지 감정적이고 일시적인 존재에 그치는 것이 아니라, 신성과 깊은 교감을 나누며 고귀한 존재로서의 의미를 지닌다고 보았다. 그의 종교적 신념은 문학 작품 전반에서 나타나며, 특히 인간 영혼의 불멸성과 신성한 존재와의 조화라는 중요한 주제에서 구체화된다. 라마르틴의 종교적 관점에서, 인간은 신성을 이해하고 체험할 수 있는 능력을 가진 존재로, 그는 그 과정에서 인간이 자신이 처한 현실과 초월적 존재를 깊이 성찰할 수 있다고 믿었다. 그는 신과의 만남을 통해 인간 존재의 의미를 탐구하고, 이를 문학적 표현을 통해 탐색하려 했다. 시 〈고독(Solitude)〉은 자연을 통한 고요한 명상 속에서 신성과의 교감을 경험하는 인간의 모습을 보여 준다. 이 시에서 자연은 단순한 배경이 아니라 신성과 인간 영혼을 이어 주는 중요한 역할을 한다. 자연은 인간이 일상적인 삶에서 벗어나 내면의 고요함과 초월적 깨달음을 찾을 수 있는 공간으로, 신성한 경험의 장이 된다. 라마르틴은 이러한 고요한 순간을 통해 인간이 신성한 차원과 접속할 수 있으며, 이를 통해 존재의 본질에 대해 더욱 깊은 이해에 이를 수 있다고 강조했다. 그의 종교관은 단순히 종교적인 감정을 표현하는 데 그치지 않고, 인간 내면의 탐구와 신성과의 조화를 통해 인간 존재의 궁극적인 의미를 추구하는 과정으로 발전한다. 라마르틴은 인간이 신성과 교감하는 과정을 종교적이고 철학적인 관점에서 접근했다. 그는 신성에 대한 탐구가 단순히 신앙적 믿음이나 종교적 의무에 국한되지 않고, 인간 존재에 관한 근본적인 질문과 맞닿아 있다고 보았다. 신성은 인간이 이성적이고 감성적인 차원에서 모두 이해할 수 있는 존재이며, 인간이 신성을 추구하는 여정은 종교적 신념을 넘어서 철학적인 성찰의 과정으로 볼 수 있었다. 그의 작품은 이러한 복합적인 관점을 통해 감성과 이성을 동시에 아우르며, 독자들에게 인간과 신성 간의 깊은 관계를 성찰하게 한다. 라마르틴의 문학은 단순히 감정적 표현의 틀을 넘어, 신성에 대한 탐구와 인간 존재의 의미를 철학적이고 신학적인 차원에서 다룬다. 이렇듯 시인의 문학과 종교관은 인간 존재의 본질을 탐구하는 공통된 목표를 지향한다. 그의 문학은 감정을 단순히 주관적이고 감상적인 표현으로 다루는 것이 아니라, 신성과의 관계 속에서 이러한 감정에 의미를 부여하려는 시도를 한다. 인간의 삶이 단지 유한한 시간 속에서 소멸하는 것이 아니라, 신성과 교감하며 궁극적 의미를 발견하는 여정이라는 관점을 제시함으로써, 라마르틴은 존재의 목적에 대한 깊은 질문을 던진다. 그는 자신의 시 세계에서 인간의 고통과 사랑을 신성으로 향하는 여정의 중요한 부분으로 묘사한다. 이는 인간이 경험하는 모든 감정이 단지 개인적인 차원의 문제가 아니라, 신성과의 연결을 통해 이루어지는 우주적 여정임을 암시한다. 그의 문학은 철학적이고 신학적인 성찰을 통해, 인간과 신성 간의 깊은 관계를 조명하고자 한 것이다.

라마르틴의 문학관과 종교관은 문학을 단순한 예술적 표현의 차원을 넘어, 철학적이고 신학적인 탐구의 장으로 확장하는 데 중요한 역할을 했다. 그는 인간 감정의 복잡성과 심오함을 탐구하면서도, 이러한 감정들이 궁극적으로 신성한 차원과 어떻게 연결되는지에 관한 질문을 던지며 독창적인 문학 세계를 구축했다. 그의 작품은 독자들에게 인간 존재의 궁극적 의미와 목적을 묻는 동시에, 그들 자신도 신성과의 관계를 깊이 성찰할 수 있도록 유도한다. 이처럼 라마르틴은 문학을 단순한 예술의 영역에만 한정 짓지 않고, 인간 존재의 근본적이고 초월적인 의미를 탐구하는 중요한 매개체로 삼았다. 결론적으로, 라마르틴의 문학은 종교적 신념과 철학적 사유를 결합하여 인간 존재에 대한 심오한 통찰을 제시한 중요한 작품들로 이루어져 있다. 그의 작품들은 단순히 종교적 교훈을 전달하는 데 그치지 않고, 인간 영혼과 신성의 관계를 탐구하며, 이를 통해 인간 존재의 본질과 목적에 대한 철학적 질문을 던지고 있다. 이는 라마르틴이 문학을 통해 종교와 철학, 감정과 사유를 결합하여 인간 존재에 대한 깊은 이해를 제공한 주요한 이유라 할 수 있다.

라마르틴의 문학적 유산

라마르틴은 단순히 19세기 낭만주의 시인으로 한정될 수 없는 인물이다. 그는 낭만주의 문학의 전형적인 특성을 충실히 따르는 동시에, 그 한계를 넘어 인간 존재와 감정, 철학적 사유를 깊이 탐구한 작가로 평가된다. 라마르틴의 작품은 감성적 표현에 그치지 않고, 철학적 통찰과 내적 성찰을 포함하며, 독창적인 문학 세계를 창조했다. 특히, 그는 인간 존재와 감정, 시간, 사랑, 죽음, 그리고 신성과의 관계를 깊이 탐구함으로써, 문학이 단순한 감정의 기록이 아니라 존재론적이고 철학적인 질문의 장이 될 수 있음을 보여 주었다. 이러한 탐구는 그의 문학적 유산의 핵심을 이루며, 그를 단순히 감정적 서정 시인이 아닌 철학적 시인으로 자리매김하게 했다. 라마르틴의 문학은 낭만주의 문학의 깊이를 확장하고 새로운 방향성을 제시했다. 그는 감정의 복잡성을 탐구하며, 그것을 인간 존재의 본질과 연결하는 데 탁월한 능력을 보였다. 그의 작품은 단지 감정을 묘사하는 데 그치지 않고, 감정이 인간의 내면적 갈등과 존재의 문제를 어떻게 반영하는지를 탐구했다. 또한 시인은 작품에 그의 시대적 맥락을 반영하는 동시에 그것을 초월하는 보편적인 주제를 다룬다. 그는 19세기 전반 프랑스의 격변하는 사회적, 정치적 환경 속에서 자신의 문학 세계를 구축했으며, 이러한 시대적 환경은 그의 문학적 방향성을 형성하는 데 중요한 역할을 했다. 그러나 라마르틴은 단순히 자신의 시대를 반영하는 데 그치지 않고, 개인의 내면세계와 인간 존재의 근본적인 질문을 문학적으로 탐구했으며, 이를 통해 그의 작품은 시대를 초월하는 보편적인 가치를 지니게 되었다. 그래서 시인의 문학 세계는 사랑, 죽음, 시간, 자연 등 인간 존재의 보편적인 문제들을 다루며, 당시 낭만주의 문학의 정수를 보여주는 동시에, 인간의 내면적 갈등과 철학적 사유를 한 단계 높은 차원으로 끌어올렸다.

앞에서 보았듯이 라마르틴은 낭만주의 문학이 단순히 감정의 표현을 강조하는 데 그치지 않고, 인간 존재의 본질과 그것의 철학적 의미를 탐구하는 데까지 나아갈 수 있음을 증명했다. 그는 작품을 통해 독자들에게 인간 감정의 복잡성과 그 안에 담긴 철학적 문제를 제시하며, 문학이 단순히 감상적 도구가 아니라 사유의 장으로 기능할 수 있음을 보여 주었다. 그의 문학적 접근은 감성적 표현과 철학적 사유를 결합하여, 낭만주의 문학의 경계를 넓히는 데 중요한 역할을 했다. 라마르틴의 문학적 유산은 낭만주의 문학을 넘어, 이후의 문학과 철학에도 깊은 영향을 미쳤다. 그의 작품은 감정적 표현의 자유와 개인적 체험의 중요성을 강조하면서도, 그것을 초월하여 인간 존재의 철학적, 신학적 문제를 탐구하는 데까지 나아갔다. 이는 그의 문학이 단순히 낭만주의 문학의 범주에 갇히지 않고, 인간 존재와 자연, 신성과의 관계를 깊이 있게 성찰하는 중요한 문학적 접근을 제공했음을 보여 준다. 라마르틴은 인간이 겪는 고통과 상실, 그리고 기쁨과 사랑이 단순히 개인적인 경험에 그치지 않고, 그것이 인간 존재의 본질적 측면을 반영하는 중요한 요소임을 강조했다. 이는 그의 문학이 단순히 감정적 서정에 머무르지 않고, 철학적 탐구의 장으로 기능할 수 있음을 보여 준다.

결론적으로, 라마르틴은 낭만주의 문학의 정체성을 형성하는 데 공헌했을 뿐 아니라, 그 경계를 확장하여 인간 존재와 감정, 그리고 철학적 사유를 결합한 독창적인 문학 세계를 창조했다. 그의 작품은 감성적 깊이와 철학적 성찰을 결합하여, 독자들에게 인간 존재의 본질에 대한 새로운 통찰을 제공하며, 오늘날까지도 중요한 문학적 유산으로 남아 있다. 라마르틴은 단순히 그의 시대를 반영하는 작가로 머물지 않고, 인간 존재의 보편적 질문에 대한 탐구를 통해 현대 문학에도 지속적인 영향을 미치고 있다. 이러한 점에서 그의 문학적 유산은 시대를 초월한 가치와 깊이를 지니며, 그의 작품은 감정, 철학, 그리고 자연의 관계를 탐구한 독창적인 문학적 성취로 평가받고 있다.

해 설

　19세기 전반 프랑스 낭만주의 시인 알퐁스 드 라마르틴(Alphonse de Lamartine, 1790~1869)의 시 〈소크라테스의 죽음(La Mort de Socrate)〉(1823)은 그의 유명한《명상 시집(Méditations poétiques)》(1820)에 이은 작품으로 같은 해 나온《신(新) 명상 시집(Nouvelles Méditations poétiques)》(1823)과 더불어 시인의 시적-종교적 세계관을 잘 보여 준다. 19세기 당시 프랑스 철학자이자 역사가 빅토르 쿠쟁(Victor Cousin, 1792~1867)의 플라톤 번역 중 〈파이돈〉을 참조하면서 라마르틴이 플라톤의《대화편》에 나오는 소크라테스의 최후의 날에 관해 쓴 이 시는 고대 그리스 철학자 소크라테스의 죽음을 중심으로 한 시적 서사를 통해 낭만주의 시인의 깊은 철학적 성찰과 감정을 잘 표현하고 있다. 다시 말하면, 이 작품을 통해 낭만주의 문학의 특성인 개인의 감정과 내면세계를 강조하며, 역사적 인물의 최후를 통해 인간 존재와 철학적 사유를 탐구한다. 낭만주의는 이성보다 감성, 일반적 진리보다는 개인적 경험과 감정을 중시하는데, 라마르틴은 소크라테스의 역사적 사건을 통해 인간의 존재론적 고뇌와 영적 탐구를 시적으로 표현하려 했으며, 이러한 낭만주의의 이념을 실천하려고 했다. 소크라테스는 고대 그리스 철학자 중에서 인간 존재와 도덕, 진리에 대한 깊은 사유로 알려져 있는데, 그의 죽음은 단순히 개인의 비극적 운명을 넘어 인류의 도덕적, 철학적 사유의 상징으로 여겨진다. 라마르틴은 소크라테스의 바로 이 마지막 순간을 통해 진리 탐구와 도덕적 신념의 중요성을 강조하고자 한 것이다.

이 작품은 서사시적 구성을 따르고 있으며 소크라테스의 최후의 순간을 중심으로 다음과 같은 시적 형식으로 전개되고 있다. 먼저, 시의 초반부는 소크라테스가 사형 선고를 받은 후 감옥에서 마지막 순간을 기다리는 장면으로 시작된다. 라마르틴은 소크라테스의 감정과 내면의 평온함을 강조하며, 그가 죽음을 맞이하는 태도를 조명함으로써 철학자의 용기와 철학적 확신을 통해 죽음을 초월하는 모습을 드러내고 있다. 이어 시는 소크라테스와 그의 동료, 제자들 간의 철학적 대화로 전개된다. 이 대화에서는 소크라테스의 철학적 사유를 통해 진리, 도덕, 영혼의 본질에 대한 깊은 논의가 이루어지는데, 소크라테스는 자신의 죽음을 앞두고도 여전히 진리와 도덕의 중요성을 강조하며, 죽음이란 영혼의 해방이자 새로운 존재의 시작이라

설명한다. 시 전개의 절정이라 간주하는 소크라테스가 독배를 마시며 최후를 맞는 장면은 시인이 신성하고 경건한 순간으로 묘사함으로써, 소크라테스의 죽음을 영적 완성과 내면의 평온함을 경험하는 순간으로 그리고 있는데, 이는 소크라테스가 육체적 고통을 넘어 영적인 교감을 이루는 과정을 의미한다 할 수 있다.

시의 주제는 인간의 죽음과 영혼의 초월을 보여 주고 있다. 라마르틴은 소크라테스의 죽음을 단순한 생명의 종료가 아니라, 인간의 영혼이 육체의 한계를 넘어 초월하는 순간으로 묘사하는데, 소크라테스는 죽음을 맞이하며 자신의 영혼이 신성과의 교감을 이루는 과정에서 내면의 평화를 경험한다. 이는 낭만주의 문학에서 죽음을 단순한 종말이 아니라 영적 초월의 기회로 보는 관점을 반영한다고 할 수 있다. 다음 진리와 도덕이라는 테마를 다루는데, 소크라테스는 진리와 도덕적 신념을 위해 자신의 생명을 희생한 인물로 그려지고, 라마르틴은 소크라테스의 죽음을 통해 진리와 도덕을 향한 그의 불굴의 신념을 강조하며, 이를 통해 인간의 도덕적 고뇌와 진리 탐구의 중요성을 조명하고 있다. 이 주제는 낭만주의 문학의 도덕적 탐구와 개인의 가치에 대한 강조를 보여 주고 있다. 마지막으로 라마르틴은 소크라테스의 죽음을 신성과 교감을 이루는 영적인 순간으로 묘사한다. 소크라테스의 마지막 순간은 그의 영적 완성과 신성과의 연합을 상징하며, 이는 라마르틴의 낭만주의적 세계관과 깊은 관련이 있는데, 자연과 신성의 상징은 소크라테스의 죽음을 신적 질서와 연결하는 중요한 요소로 작용하고 있는 것이다.

한편, 이 작품의 문학적 기법은 바로 서사적 구성과 시적 형식에 있다. 이 시는 서사적 구성을 통해 소크라테스의 죽음을 중심으로 전개되는데, 일관된 구조와 리듬을 유지하여 작품의 신성함과 격조를 강조하고, 서사적 전개는 소크라테스의 내면적 갈등과 철학적 성찰을 효과적으로 드러낸다. 동시에 시인은 감정의 표현을 위해 비유와 상징을 사용하는데, 특히 소크라테스의 평온한 태도와 신성한 순간은 비유적 표현을 통해 시적으로 한층 더 풍부하게 그려지고 있다. 이러한 기법은 시의 철학적 주제를 강조하는 데 중요한 역할을 하면서, 자연과 신성을 연결하는 시인의 새로운 종교관을 드러낸다 할 수 있다. 시에서 자연은 소크라테스의 감정과 철학적 사유를 반영하는 본질적 요소로 등장하고, 라마르틴은 자연을 신성과의 조화와 영적 완성을 상징하는 요소로 사용하며 소크라테스의 죽음을 자연과 신성의 조화로 묘사하는데, 이는 낭만주의적 관점에서 자연을 인간 감정과 철학적 사유의 반영으로 활용하는 방식을 보여 주고 있다.

다시 말해 〈소크라테스의 죽음〉은 고대 그리스 철학자의 최후를 시적으로 재현하면서 인간 존재와 영성에 대한 깊은 탐구를 담고 있는 작품으로, 낭만주의 시인의 감성적이고 철학적인 접근 방식을 잘 보여 준다. 또 문학적으로도 중요한 의미를 지니고 있어, 라마르틴의 시적 표현과 철학적 성찰의 독창성을 드러내고 있다. 특히, 이 작품에서 시인은 인간 존재와 영성에 대한 깊은 성찰을 통해 낭만주의의 주요 주제를 탐구함으로써, 이후 문학적 전통에 영향을 주게 되는데, 라마르틴의 시적 방식은 현상을 넘어선 형이상학적 탐구를 통해 문학의 경계를 확장한 것이라 할 수 있다. 출판 당시 이 작품은 문학계와 독자들로부터 큰 관심을 받았으며, 라마르틴의 시적 감각과 철학적 깊이로 높이 평가되었다. 지금까지도 그의 낭만주의 문학관과 철학적 세계관을 잘 보여 주는 작품으로 간주된다.

지은이에 대해

알퐁스 드 라마르틴(Alphonse de Lamartine, 1790~1869)은 프랑스 낭만주의 문학의 상징적 인물로, 시인의 생애는 프랑스 역사와 문학에 깊은 흔적을 남겼다. 그는 시인으로서의 뛰어난 재능과 철학적 성찰을 통해 낭만주의 문학의 발전에 중대한 기여를 했으며, 또 정치가로서 프랑스 사회의 변혁기 동안 중요한 역할을 수행했다. 라마르틴의 인생은 문학적 창작과 정치적 활동이 독특하게 결합된, 시대를 아우르는 복합적인 경로를 따라 전개된 삶이었다.

유년기와 교육(1790~1812)

라마르틴은 1790년 10월 21일, 프랑스 중동부 부르고뉴 지역 소도시 마콩(Mâcon)의 유서 깊은 귀족 가문에서 태어났다. 그의 가문은 전통적으로 왕당파 성향을 가지고 있었으며, 이러한 정치적 배경은 그의 가치관과 문학적 시각에 큰 영향을 미쳤다. 라마르틴은 어린 시절부터 감수성이 뛰어난 아이였으며, 특히 자연에 대한 깊은 애정을 보였다. 그는 자연 속에서 많은 시간을 보내며 자연의 아름다움과 신비로움에 대한 감수성을 키워 갔다. 그의 교육은 근처 도시 리옹(Lyon)과 벨레(Belley)에서 이루어졌으며, 이 시기에 그는 고전 문학과 철학에 깊은 관심을 가지게 되었다. 라마르틴은 고대 문학의 거장들, 특히 호메로스와 베르길리우스의 작품을 접하면서 그들의 문학적 전통과 철학적 사유에 큰 영향을 받았다. 이러한 고전 문학과의 접촉은 그의 문학적 바탕 형성에 중요한 역할을 했으며, 나중에 그의 시에서 자연과 인간 존재를 탐구하는 데 중요한 밑거름이 되었다.

라마르틴의 어린 시절은 그의 문학적 기질을 일찍이 드러내는 시기였으며, 그는 감성적이고 사색적인 성향을 지닌 인물로 성장했다. 그의 가족은 그에게 전통적인 가톨릭 교육을 제공하였으며, 이는 그의 세계관과 인생관에 큰 영향을 미쳤다. 문학적 창작에 대한 그의 열정은 어릴 적부터 뚜렷했으며, 그는 자연과 인간 존재에 대한 탐구를 시적으로 표현하기 위해 꾸준히 노력하였다. 이 시기의 경험은 그가 나중에 창작할 작품들에서 드러나는 감성적 깊이와 철학적 성찰의 기초를 마련해 주었다.

초기 문학과 낭만적 사랑(1812~1820)

라마르틴의 젊은 시절은 문학적 탐구와 개인적 감정의 탐색으로 가득 차 있었으며, 그의 초기 문학 활동은 낭만주의의 주요 요소들을 형성하는 데 중요한 역할을 했다. 이 시기 그의 삶은 군 복무와 문학적 열망 사이에서의 갈등을 드러내며, 그의 감정적 경험이 문학 창작에 미친 영향을 보여 준다.

1812년에 라마르틴은 프랑스 군대에 잠시 복무했으나, 군인의 길은 그의 진정한 소명이 아니었음을 깨달았다. 군 복무는 그의 인생에서 중요한 전환점이었지만, 그는 군인으로서의 길을 계속 가기보다는 문학과 예술에 대한 깊은 열정을 추구하기로 결심했다. 이 시기에 그는 문학 창작에 전념하기로 하며 본격적인 시 창작에 몰두하기 시작했다.

1816년, 라마르틴의 인생에 중요한 사건이 일어난다. 그는 프랑스 동부의 휴양지 엑스레뱅(Aix-les-Bains)의 부르제 호수(Lac du Bourget)에서 쥘리 샤를(Julie Charles)이라는 여성과 운명적인 만남을 하게 된다. 휴양 기간 짧은 만남에서 쥘리 샤를은 그의 삶에 깊은 감정적 영향을 미쳤으며, 이 만남은 그의 문학 창작에 중요한 영감을 주게 된다. 쥘리와의 관계는 상실의 감정을 동반한 비극적인 사랑의 경험을 겪게 했고 그의 문학 작업에 지대한 영향을 끼치면서, 이후 이 감정적 경험은 그의 《명상 시집(Méditations poétiques)》(1820)에 수록된 대표작 〈호수(Le Lac)〉의 탄생에 기여했다. 이 시는 사랑과 상실, 시간의 흐름을 주제로 다루며, 라마르틴의 시적 상상력과 감성적 깊이를 잘 드러내는 작품으로 평가된다. 또 낭만주의 문학의 핵심 주제인 감정의 상실과 자연의 상징적 역할을 강조하며, 라마르틴의 문학 세계를 대표하는 중요한 작품으로 간주된다.

이 시기에 라마르틴은 자신의 감정적 경험을 시로 표현하는 데 집중하는데, 그의 작품은 개인의 감정과 내면적 갈등을 탐구하며, 이는 낭만주의 문학의 개인적 감정 표현이라는 특징과 깊이 연결되어 있다. 그의 시적 작업은 인간의 감정과 자연의 상호작용을 탐구하며, 이에 따라 그는 낭만주의 문학의 주요 인물로 자리매김하게 된다. 라마르틴의 초기 문학 활동은 그의 시적 상상력과 철학적 성찰을 기반으로, 감정적 깊이와 철학적 탐구를 문학적 창작의 핵심으로 삼았던 시기였다.

문학적 성공과 정치적 전환(1820~1830)

알퐁스 드 라마르틴의 인생에서 1820년은 중요한 전환점을 의미하며, 그의 문학적 성공과 정치적 관심의 시작을 알리는 시점이었다. 이 시기는 라마르틴이 문학적 명성을 얻고 정치적 방향을 설정하는 데 중요한 역할을 했다. 1820년 라마르틴은 첫 시집 《명상 시집》을 발표하는데, 이 시집은 출판과 동시에 큰 반향을 일으켰으며 라마르틴을 프랑스 문학계의 중심인물로 부각하는 계기가 되었다. 《명상 시집》은 감정의 깊이와 내면적 성찰을 탐구하는 작품으로, 사랑, 자연, 죽음 등 낭만주의적 주제를 다룬다. 이 시집에서 라마르틴은 개인의 감정과 내면세계를 진지하게 탐구하며, 자연과의 교감을 통해 인간 존재에 대한 깊은 성찰을 제시했다. 그의 시는 정서적 깊이와 철학적 성찰을 통해 독자들에게 강렬한 인상을 남기며, 낭만주의 문학의 주요 특징을 잘 드러내는 작품으로 평가받았다. 그래서 이 시집은 단순히 문학적 성공을 거둔 것을 넘어서, 라마르틴을 낭만주의 운동의 중요한 시인으로 자리매김하게 했다.

문학적 성공을 거둔 라마르틴은 문학 외에도 정치에 관심을 가지기 시작했다. 1825년, 그는 외교관으로 임명되어 나폴리와 피렌체에서 외교 활동을 수행하게 되었는데, 이 시기에 유럽의 정치적 격변과 사회적 변화에 직접적으로 관여하게 되었으며, 이러한 경험은 그의 정치 사상과 입장에 큰 영향을 미쳤다. 특히 나폴리와 피렌체에서의 외교 임무는 그가 유럽의 다양한 정치 환경과 사회 흐름을 이해하는 데 중요한 기회를 제공했으며, 그는 점차 공화주의적 이상에 이끌리게 되었다. 외교 활동을 통해 라마르틴은 자신의 정치적 비전을 확립하고 후에 그의 정치적 입장과 공화주의적 신념을 더욱 명확히 하게 된다.

결국 이 시기는 문학과 정치가 교차하는 중요한 전환점을 보여 주는 시기로 라마르틴의 문학적 성공과 정치적 전환은 그의 생애와 업적에 큰 영향을 미쳤다. 문학적 명성의 획득과 정치적 관심의 증가는 그가 프랑스 사회와 정치에 끼친 영향을 깊게 이해하는 데 중요한 요소로 작용한다.

정치 활동과 공화주의적 이상(1830~1848)

1830년 7월 혁명 이후, 라마르틴은 본격적으로 정치 활동에 뛰어들며 그의 공화주의적 이상을 현실화하는 과정에 들어섰다. 이 시기는 라마르틴이 자신의 정치적 입장과 사회적 비전을 명확히 하고, 프랑스 사회와 정치에 실질적인 영향을 미치기 시작한 중요한 때였다. 1830년 왕정이 무너지고 프랑스에서 새로운 정치적 시대가 열린 가운데, 라마르틴은 점차 왕정을 지지하던 보수적 태도에서 벗어나 공화주의자로 변모했다. 이 과정에서 그는 사회적 정의와 민주주의를 적극 옹호하며, 노예제 폐지와 같은 인도주의적 개혁을 강력히 주장했다. 라마르틴의 정치적 신념은 그가 평소에 지닌 인간의 존엄성과 자유에 대한 가치관에서 비롯되었으며, 이는 그의 문학 작업과도 일치하는 부분이 많았다.

1838년 라마르틴은 노예제 폐지 연설을 통해 그의 인도주의적 이상을 공개적으로 표명했다. 이 연설은 그의 정치적 신념과 사회 개혁에 대한 열망을 상징적으로 드러낸 중요한 계기로, 노예제의 비극적 현실을 지적하고 이를 종식하기 위한 노력의 필요성을 강조했다. 라마르틴의 발언은 당시 사회에서 큰 반향을 일으켰으며, 사회적 정의를 실현하기 위해 노력하는 정치가로서 그의 이미지를 확립하는 데 기여했다. 정치 활동에 본격적으로 참여한 라마르틴은 여러 차례 선거에 출마했고 1833년부터는 국회의원으로 활동을 시작했다. 그는 국회에서 공화주의적 이상을 기반으로 한 다양한 사회적 개혁을 추진했으며, 그의 정치적 입장은 점차 강력한 공화주의적 입장으로 변화하였다. 그는 당대의 정치적 갈등 속에서 사회적 개혁을 위한 헌신을 보였으며, 이는 그가 문학에서 표현한 이상과 일치하는 부분이었다.

1848년 2월 혁명은 라마르틴의 정치적 경력에 중요한 전환점을 제공했다. 이 혁명은 루이 필리프의 퇴위를 가져왔고, 프랑스의 정치적 지형을 크게 변화시켰다. 라마르틴은 임시정부의 외무장관으로 선출되어, 새로운 공화국의 수립에 중요한 역할을 하게 되었다. 그는 프랑스 제2공화국의 탄생을 이끄는 과정에서 공화주의를 지지하며, 새로운 정치 체제의 정착을 위해 노력했다. 외무장관 임기 동안, 그는 국제적으로 프랑스의 입장을 강화하고, 외교적 과제에 대한 해결책을 모색하는 등 외교적 업무를 충실히 수행하였다.

그러나 그의 정치적 이상은 현실 정치에서 여러 차례 도전에 직면하게 되었고, 이는 라마르틴의 정치적 입지에 큰 영향을 미쳤다. 그는 급진적인 사회주의자들과의 갈등으로 정치적 입지를 잃게 되었으며 이러한 갈등은 그의 정치적 신념과 실행 간의 간극을 드러내는 요소로 작용했다. 이러한 상황은 그의 정치적 영향력의 축소를 가져왔으며 결과적으로 그는 정치 무대에서 점차 후퇴하게 되었다. 결국 1830년대부터 1848년까지의 기간은 라마르틴의 정치적 변화와 이상을 실현하기 위한 노력이 두드러지던 시기였다. 이 시기 동안 그의 공화주의적 신념과 사회적 개혁에 대한 열망은 그가 문학과 정치 양쪽에서 중요한 인물로 남는 데 기여했으며, 프랑스 정치사와 사회적 변화에 깊은 흔적을 남겼다.

정치적 좌절과 말년(1848~1869)

1848년, 알퐁스 드 라마르틴의 정치적 경력은 결정적인 전환점을 맞이한다. 그는 프랑스 대통령 선거에 출마했으나 압도적인 패배를 경험하며 정치적 영향력을 상실하게 되었다. 이 선거의 결과는 그가 정치 무대에서 점차 사라져 가는 전환점이 되었으며 그의 정치적 이상과 비전은 현실의 벽에 부딪혔다. 대통령 선거에서의 패배는 라마르틴의 정치적 꿈과 야망에 큰 타격을 주었으며, 이는 그의 정치적 입지와 공적 활동의 급격한 쇠퇴로 이어졌다. 정치적 실패는 그의 삶의 여러 측면에 심각한 영향을 미쳤다. 정치적 영향력을 잃게 되면서 그는 자연스럽게 정치 무대에서 활동을 중단하게 되었고, 이는 그의 사회적 입지와 공적 역할의 축소를 의미했다. 재정 상태 역시 정치적 불황과 개인적 문제로 인해 큰 어려움을 겪게 되어 일상생활과 문학 작업에 심각한 영향을 미쳤으며 경제적으로 궁핍한 상태에서 생애 말년을 보내야 했다.

이런 상황에서도 라마르틴은 문학 작업을 지속해서 이어 갔다. 그는 정치적 실패와 개인적 상실에도 불구하고 자신의 문학적 비전을 포기하지 않았다. 이 시기에 그는 자서전적 성격의 현실과 사상을 뒤섞은 작품인 《비밀(Les Confidences)》(1849)을 포함 여러 작품을 발표하였다. 《비밀》은 그의 개인적 경험과 내면의 갈등을 깊이 탐구하며, 그의 문학적 자아와 철학적 성찰을 드러내는 중요한 작품이다. 이 자서전적 작업은 그의 삶과 사상을 문학적으로 성찰하고 기록하는 중요한 역할을 하였으며, 문학적 유산을 보존하는 데 기여하였다.

말년의 라마르틴은 경제적 어려움과 정치적 실패로 인해 사회적 명성과 경제적 안정을 잃었으나, 문학에 대한 열정은 잃지 않았다. 그는 프랑스 사회에서 점차 잊혀 가는 상황에서도 꾸준히 글을 쓰며 문학적 삶을 이어 갔다. 라마르틴은 1869년 2월 28일 파리에서 생을 마감하였고 고향 근처인 생포앙(Saint-Point)의 가족 묘지에 묻히는데, 이는 한 시대의 끝을 알리는 사건이자 그가 프랑스 문학과 정치에서 차지했던 중요성을 강조하는 상징적 순간이었다. 그의 죽음은 프랑스 문학에서 낭만주의 시대의 종결을 의미하는바, 라마르틴의 삶과 작업은 19세기 전반 프랑스 격변기에 문학과 정치를 아우르는 시대적 흐름과 경향 그리고 고민을 보여 주었다는 점에서 오늘날에도 낭만주의의 중요한 부분으로 평가받고 있다.

지은이 연보

1790년 10월 21일, 프랑스 부르고뉴 지방의
마콩(Mâcon)에서 알퐁스 마리 루이 드 프라 드 라마르틴(Alphonse Marie Louis de Prat de Lamartine)이 태어남. 소귀족 가문 출신으로, 보수적이며 왕당파적 성향을 지닌 가정에서 자람.

1801~1808년 사보아(Savoie) 지역의 벨레(Belley)에서 예수회 학교에서 학업을 시작함. 이 시기에 그는 문학과 시에 큰 흥미를 보이며, 고전 문학과 철학에 대한 기초를 닦음.

1809~1811년 이탈리아 여행을 통해 이탈리아 문화와 역사에 대한 깊은 이해를 쌓음. 이 기간 단테와 페트라르카 같은 이탈리아 시인들의 영향을 받으며, 그의 문학적 방향성을 확립함.

1812년 프랑스로 돌아와 본격적으로 시에 관심을 가지기 시작함. 나폴레옹 군대에 짧은 기간 복무 후, 군인의 길을 단념하고 문학 창작에 전념함.

1815년 여행과 개인적 경험에서 영감을 받은 첫 시들을 쓰기 시작함. 파리의 문학 살롱에 출입하며 문학 사회와 교류하고, 시를 통해 자신의 예술적 감정을 표현함.

1816년 쥘리 샤를(Julie Charles)이라는 기혼 여성과 만남. 이 인연은 후에 그의 시에 큰 영향을 미치며, 특히 《명상 시집 (Méditations poétiques)》의 대표작 〈호수(Le Lac)〉에 깊은 감정을 담게 됨.

1817년 쥘리 샤를의 사망. 이 비극적 사건은 그의 시에 큰 영향을 미쳤으며, 그는 여러 시를 창작하게 되었고 다양한 작품을 통해 감정적 상실과 시간의 흐름을 탐구함.

1820년 《명상 시집》 발표. 이 시집을 통해 감정의 깊이를 탐구하며, 사랑, 자연, 죽음 등 낭만주의적 주제를 다루어 즉각적인 성공을 거두고 라마르틴은 프랑스 낭만주의 문학의 주요 시인으로 자리매김하게 됨.

영국 여성 메리 앤 버치(Mary Ann Birch)와 결혼. 이 결혼은 그의 개인적 삶에 중요한 전환점을 제공함.

1823년 유일한 딸인 줄리아(Julia) 태어남.

시 〈소크라테스의 죽음(La Mort de Socrate)〉과

《신명상 시집(Nouvelles Méditations poétiques)》 발표.

1825년 　외교관으로 나폴리에서 근무 시작. 이 시기에 외교 업무와 문학 활동을 병행함.

1826년 　피렌체에서 대사로 외교 경력을 계속하며 문학적 작업도 지속함.

1829년 　아카데미 프랑세즈에 선출됨.

1830년 　6월에 《시적 종교적 조화(Harmonies poétiques et religieuses)》 발표. 7월 혁명 이후, 라마르틴은 왕정에서 멀어지고 공화주의와 민주주의 이념에 헌신하게 됨.
동방(시리아, 레바논, 터키, 성지) 여행을 통해 신비주의에 관한 사유와 시적 영감을 얻음.

1832년 　딸 줄리아가 동방 여행 중 베이루트에서 10세의 나이로 폐결핵으로 사망. 딸의 죽음으로 인한 시인의 개인적 상실은 그의 문학 작업에 큰 영향을 미쳤음.

1833년 　마콩 지역의 국회의원으로 선출되어 본격적인 정치 경력을 시작함.

1835년 　《동방 여행(Voyage en Orient)》 발표. 중동 여행에서의 인상과 사유를 기록함.

1836년 기독교 신앙과 사랑에 관한 명상에서 영감을 받은 서사시 《조슬랭(Jocelyn)》 발표.

1838년 영적이고 신비적인 사유가 돋보이는 시집 《천사의 추락(La Chute d'un ange)》 발표.
국회의원으로서 노예제 폐지를 주장하는 연설을 통해 사회 정의와 인권 옹호자로 자리매김함.

1847년 《지롱드 당의 역사(Histoire des Girondins)》 발표.
공화주의와 인도주의 이념을 찬양하며 정치적 인기 상승.

1848년 2월 혁명에서 주요 역할을 하여 제2공화국의 설립을 주도하고, 임시정부의 외무장관으로 임명됨. 빨간 깃발을 거부하고 삼색기를 공화국의 상징으로 지지함.
대통령 선거에 출마했으나 루이-나폴레옹 보나파르트(나폴레옹 3세)에게 패배.

1849년 어린 시절과 사랑에 대한 시인의 자서전적 이야기 《비밀(Les Confidences)》 발표.

1850년 《신동방 여행(Nouveau Voyage en Orient)》 발표.

1851년 국회의원 자리를 잃고 점차 정치에서 물러남.

1852년 나폴리 체류 중의 사랑 이야기를 다룬 자서전적 소설 《그라지엘라(Graziella)》 발표.

　　　　재정적 어려움이 시작되며 생계를 위해 계속 글을
　　　　씀.
1856년　《문학 강좌(Cours familier de littérature)》 발표,
　　　　문학과 시에 대한 성찰을 담은 작품으로 자신의
　　　　문학적 성과를 정리함.
1860년　큰 재정적 어려움과 상대적 고립 속에서 생활함.
1869년　2월 28일, 파리에서 사망. 부르고뉴(Bourgogne)의
　　　　생포앙(Saint-Point)에 묻힘.

옮긴이에 대해

곽민석은 프랑스 파리 4대학(파리-소르본)에서 〈랭보의 일뤼미나시옹 시집에 나타난 시적 현대성〉 논문으로 프랑스 문학 박사 학위를 취득하고 연세대학교 불어불문학과 및 동 대학원을 졸업했다. 현재 중앙대학교 프랑스어문학과 연구교수로 재직하며 프랑스 문학과 문화, 그리고 그리스 신화에 관한 연구와 강의를 하고, 현대 사회의 다문화-다매체 주제에 관해서도 연구하고 있다. 저서로는 《랭보의 일뤼미나시옹 시집에 나타난 시적 현대성에 대해》(프랑스, 셉탕트리옹 출판사, 2000), 《파괴와 창조의 방랑시인 랭보》(도서출판 월인, 2014), 《프로메테우스 시인 랭보》(도서출판 월인, 2018), 번역서로는 《랭보 시선 (Les Poèmes choisis de Rimbaud)》(지식을만드는지식, 2012), 《지옥에서 한 철 / 투시자의 편지(Une saison en enfer / Les Lettres du voyant)》(지식을만드는지식, 2023) 등이 있다. 또 논문으로 〈프랑스 현대시의 시적 《다시쓰기 réécriture》: 팔랭프세스트 Palimpseste 개념을 중심으로〉, 〈랭보와 라포르그 시 세계에 나타난 시적 파괴와 혁신〉,

〈엘뤼아르, 일상적 삶과 경이로운 진실의 시인: 현대 시인의 다문화적 이미지에 대하여〉, 〈광기 개념과 현대적 글쓰기 주체－네르발과 로트레아몽을 중심으로〉, 〈프랑스 '세속주의(라이시테)'와 '다문화주의'의 상호작용에 대한 사회-문화적 분석〉, 〈현대 사회의 글쓰기 주체의 양상들－보들레르의 시세계를 중심으로〉 등 다수의 연구가 있다.

소크라테스의 죽음

지은이 알퐁스 드 라마르틴
옮긴이 곽민석
펴낸이 박영률

초판 1쇄 펴낸날 2024년 12월 31일

커뮤니케이션북스(주)
출판등록 제313-2007-000166호(2007년 8월 17일)
02880 서울시 성북구 성북로 5-11
전화 (02) 7474 001, 팩스 (02) 736 5047
commbooks@commbooks.com
commbooks.com

ⓒ 곽민석, 2024

지식을만드는지식은
커뮤니케이션북스(주)의 고전 출판 브랜드입니다.
이 책은 저작권자와 계약해 발행했으므로, 본사의 서면 허락 없이는
어떠한 형태나 수단으로도 이 책의 내용을 이용할 수 없습니다.

ISBN 979-11-7307-597-1 03860

책값은 뒤표지에 있습니다.